Joel James Figarola, el EtnoOntólogo de la cubanía

José Millet

Ediciones Fundación Casa del Caribe, agosto, 2008.

Al caucásico Julián Mateo y a Omar "El Negro" Blandino, ambos filósofos que siguen jugando el juego de la vida y de la muerte. A Manolo (Vila+), quien se me fue sin despedirse de mí.

"No deseo juzgar cuán lejos mis esfuerzos coinciden con los de otros filósofos. En realidad lo que he escrito aquí no pretende ser en detalles novedoso y la razón por la cual no menciono ninguna fuente es que me es indiferente si los pensamientos que yo he tenido han sido anticipados por cualquier otra persona". Tractatus Logico-Philosophicus, Preface Ludwig Josef Johann Wittgenstein. Rutledge and Keagan London, 1972, edición en alemán e inglés.

Ser Chocador, tener poder, rápidas piernas, manos seguras y brazo potente y educado...fue lo que convirtió a Joe Dimaggio, Willie Mays, Mickey Mantle, Roberto Clemente y Alex Rodríguez...en superestrellas.

Joel James en la encrucijada del Yo y sus circunstancias

Yo soy Joel James

Uno de los más importantes historiadores de las religiones del mundo, el rumano Mircea Eliade (Rumania, 1904-USA, 1986), se interrogó en su libro **El mito del eterno retorno** (París, Gallimard, 1951) por qué "las sociedades arcaicas[…] pese a conocer cierta forma de "historia", se esfuerzan por no tenerla en cuenta" y, en ese mismo libro que él rechaza sub-titularlo Filosofía de la historia, continuó ahondando en el comportamiento de esos hombres calificados por las ciencias sociales de "primitivos": "Al estudiar estas sociedades tradicionales, un rasgo nos ha llamado la atención: su rebelión contra el tiempo concreto, histórico; su nostalgia de un retorno periódico al tiempo mítico de los orígenes, al Tiempo Magno". Aquel eminente profesor de la Universidad de Chicago, responde que tal rechazo se debe no a la tendencia conservadora ni al carácter tradicionalista de aquellas sociedades, sino a *"cierta valorización metafísica de la existencia humana"* (Yo subrayo: J.M.). Mircea considera que la Antropología filosófica debería aprender de ese *Hombre tradicional* y de su situación en el universo y que la Metafísica podría renovarse en virtud del conocimiento de esa "ontología arcaica" que el hombre pre-socrático ha sido capaz de elaborar, digo yo, magistralmente, mejor que nosotros, situados a "doscientos mil años luz" de aquel ser primitivo a quien habíamos creído—hasta aquí—incapaz de filosofar y que siempre lo hizo, lo sigue haciendo. Mi atención estará enfocada a intentar desentrañar la conexión entre la mentalidad y ontología arcaica con la del hombre tradicional de la cultura afrocubana, para explicarnos mejor su comportamiento, así como a identificar lo que Joel James denominó su *pensamiento abstracto*, asunto al que este ilustre investigador cubano desaparecido dedicó lo más preciado de su energía creadora: mucho de su tiempo de vida y su más hermosa escritura.

En el comportamiento y elaboración de la ontología del hombre presocrático creo haber encontrado la clave principal para ofrecer el presente acercamiento al estudio de la meditación filosófica del genial filósofo Joel James, a través de su producción intelectual ensayística, la que giró alrededor de lo que él designó con la expresión *la cultura popular tradicional*. Joel James adoptó la postura de tomar en cuenta el Mundo del Existir y acontecer –contentivo de la experiencia cubana tanto religiosa como profana que abarcó en su obra escrita, a diferencia de Mircea Eliade concentrado en una sola de ambas--, de donde extrae el dato concreto, para luego apartarlo y dejarlo como una simple referencia útil en tanto y por cuanto le sirviera para aventurarse en el vuelo hacia la esfera del pensar puro, en la búsqueda de las ideas más abstractas y de caras a la formulación de las teorías más sagaces, con el interés no expreso de que llegasen al alcance ecuménico, sin dudas de ningún tipo. A sus formulaciones teóricas les daba fundamento tanto histórico como lógico, aunque siempre las llevaba desde el puesto de la razón a las zonas situadas mucho más allá de lo estrictamente racional. Lo más importante en él, gravitó en trascender la esfera de lo estrictamente intelectual para adentrarse en el universo de la Historia de Cuba y de la imaginación, ésta como "herramienta" con la que contribuir a responder esa pregunta que nadie se estaba haciendo entonces y que él tuvo el acierto en esforzarse en responder. Tal vez Joel James hubiese sostenido—o se hubiese basado en-- la idea de Nietzche de que el mundo real es más pequeño que el de la imaginación y de que el pensador sabía considerar las cosas más sencillas de lo que son. Entre esas "cosas sencillas" se concentró Joel James, en particular, en aquellas creadas por el pueblo cubano las que, comúnmente, han sido denominadas como "cultos sincréticos afrocubanos" y, en particular en sus últimos años de vida, en la brujería cubana de origen bantú (4)-*congo* o palo monte.

Sugiero poner extremo cuidado a quien se zambulla en sus ideas e intente adentrarse en las claves de la corriente de su pensamiento no pasar por alto que era un investigador vehemente de la Historia nacional cubana y ahí están los libros publicados de su autoría para dar cuenta de ello. Eso marcó la diferencia con la mayoría de los estudiosos cubanos y no nacionales que se aplicaron a estudiar esos cultos sincréticos afrocubanos: Joel James todo lo vio, incluidos a estos cultos sincréticos, a través de la Historia cubana. De omitirse este alerta, se corre el riesgo de caer por uno de los farallones que acostumbramos a pasar en nuestros recorridos por las comunidades haitianas escondidas en lo más profundo de la Sierra Maestra y, esa caída, podría ser la mejor ocasión para que reparásemos –abismados-en la memoria de nuestra historia nacional con lujos de detalles… que atesoraba y se expresaba en la voz de Joel James y las deducciones teóricas que producía con los hechos y personalidades referidos en sus comentarios. De eso se trató en, al menos, en la segunda y última etapa de la vida de una de las personas demasiado humana, recias, audaces, valientes y uno de los seres más geniales de nuestra contemporaneidad: de preguntarse dónde estaba el punto exacto de encuentro de la Historia y la Filosofía cuando abrazó lo que para él eran los cuatro sistemas mágico-religiosos cubanos principales para extraer de ellos los principios, mecanismos y leyes que los rigen.

A darle respuesta a esta pregunta principal Joel James dedicó dos de los principales libros de su autoría, titulados **Los sistemas mágico-religiosos cubanos: sus principios rectores** (1999) y el póstumo **La brujería cubana: el palo monte** (2006). Como comentaré debajo, mi criterio es que estas dos obras establecieron un cambio radical tanto por el punto de vista adoptado en ellas—que es único en el caso que nos ocupa al combinar la historia, con la etnología y la filosofía en el discurso en que intenta aprehender el objeto de estudio— y del sujeto individual y colectivo (pueblo) que se intenta aprehender, es decir, en el plano del contenido. A partir de su publicación podemos decir que hubo un antes y un después en la historia y evolución de los estudios etno-sociológicos de Cuba y del Caribe. De este cambio tenía plena, total y perfecta conciencia Joel James y así se lo dejó ver a muchas personas a quienes urgía, de un modo personal, a que viera la luz cuanto antes el libro que su autor tituló **El ser y la historia** (2007), en el cual reunió textos que venía escribiendo por separado y en el que se nos proporcionan tics que resultan claves para entender el estudio holístico y filosófico en curso de la espiritualidad, con el que quería demostrar la riqueza inabarcable e insospechada diversidad de las tradiciones culturales del pueblo cubano, entre las que Joel James se propuso poner en primer plano el de las ideas y la filosofía que nuestro pueblo había sabido elaborar durante mucho tiempo.

¿Cuáles, quiénes fueron los antecedentes lejanos y más cercanos a los que tuvo acceso o conocimiento Joel

James para formularse tal pregunta y esforzarse por darle la o las respuestas en el modo en que lo hizo? Antes de pronunciarme, por favor, invito al lector a tomar en cuenta la frase que Joel James colocó como frontón de su libro **El ser y la historia** en la que declara, en la palabra de Wittgenstein que le es indiferente el que otros filósofos hubiesen suscrito ideas parecidas a las suyas…con lo cual nos vacuna contra cualquier tipo de pretensión de ser novedoso, innovador u original, lo cual se ajusta muy bien al estilo de ser de su autor, Joel James. Pero indiscutiblemente que hubo autores nacionales y de otras nacionalidades que abonaron el terreno para que Joel James hubiese hecho posible una ruptura epistemológica en los estudios etno-sociológicos de su patria y, entre los primeros, estoy obligado a nombrar al etnólogo cubano Teodoro Díaz Fabelo, cuyo libro **Olorun,** --publicado en La Habana en 1960 y centrado en la teogonía yoruba a partir de algunos de sus símbolos—resulta la obra de mayor alcance en el terreno del extraer las ideas, cosmovisiones y filosofías legadas por los pueblos de África que sustanciaron nuestra identidad como cubanos.

En su **Diccionario de la lengua residual conga**— publicado por la Casa del Caribe en 1998—, el Dr. Teodoro Díaz Fabelo continúa con esta misma labor de sacar de las sombras la riqueza filosófica de los pueblos africanos—en este caso del último libro que había dejado inédito en La Habana, las de los pueblos pertenecientes al stock bantú— y de verlos como formando parte trascendental de la *cubanía*. Fueron obras como las antes mencionadas, y, por supuesto, las de don Fernando Ortiz, Lidia Cabrera, Rómulo Lachatañeré, Argeliers León, Isaac Barreal, Leovigildo López-Valdés, entre otros…las fuentes escritas que son imprescindibles citar cuando nos propongamos adentrarnos en el estudio de la obra de Joel James, hasta el presente, lamentablemente, casi un desconocido, a pesar de los esfuerzos hechos en los últimos años por darlo a conocer, sobre todo a través de la Internet.

Me enfocaré en el presente texto en explorar algunas de las publicaciones de Joel James que son las evidencias tangibles de su excepcional esfuerzo por hacer un estudio de lo que él denominó el *pensamiento abstracto* presente en los mal denominados "cultos sincréticos afrocubanos". Existen otras fuentes secundarias que deben ser mencionadas como antecedentes—leídas o no, citadas o no por Joel James en sus publicaciones— de su labor como investigador en la dirección antes apuntada. Una de ellas es la de Mircea Eliade, quien fue el editor en jefe de la más completa y abarcadora obra de las religiones que el Occidente judeo-cristiano haya producido jamás, titulada **The Encyclopedia of Religions** (2) y nos aclara en el librito suyo antes mencionado, **El mito del eterno retorno,** que la valorización del hombre primitivo de rechazo al tiempo profano, de la historia, no es la que intentan proporcionar las tendencias de filosofías post-hegelianas, como el marxismo, el historicismo y el existencialismo, en su descubrimiento del hombre histórico, el que *se hace a sí mismo en el seno de la historia.* Parecería como si este punto de vista de Mircea de enfocarse en "ciertas líneas de fuerzas maestras en el campo de las sociedades arcaicas", distante de estas corrientes del historicismo y de las filosofías la Europa Occidental materialista y existencialista, en uno u otros casos, hubiese sido adoptado de un vasto arsenal, en parecidos términos, por Joel James, como habremos de analizar más adelante. Entre uno y otro estudiosos de las religiones existen coincidencias como la de estudiar el pensamiento y aspectos fundamentales del tipo de sociedades a las que los filósofos del Occidente apenas han prestado atención; y también se interponen diferencias que me atrevo a calificar de muy importantes, en lo que respecta a sus respectivas visiones del mundo y a las actitudes que se asumieron al describir e intentar reconstruir el pensamiento ancestral u ontología de las sociedades que cada uno de ellos estudió, en contextos sociales absolutamente diferentes.

2.- Circunstancias: la primera labor de Joel James como estudioso

En efecto, Joel James consagró casi toda su vida profesional—en particular a partir de 1973 en que se graduó en la carrera de Historia en la Universidad de Oriente, con sede oficial principal en la ciudad de Santiago de Cuba— a estudiar las comunidades tradicionales que el sabio cubano Don Fernando Ortiz calificó de *afrocubanas* y a algunos de sus miembros más sobresalientes, En la primera etapa de su vida profesional como investigador de la historia y de la cultura cubana , empleó parte importante de sus energías creadoras en construir las historias de vida de los portadores de aquellas tradiciones culturales, en definir la esencia de esas tradiciones culturales principales y su "fisiología", en particular las ritualidades que en su interior habían operado durante muchos siglos. Los primeros resultados de sus estudios son notorios en los trabajos centrados en el carnaval de Santiago de Cuba, como podemos apuntar, brevemente, aquí. Pero a partir de

1982 en que fundamos la Casa del Caribe, se aplicó mediante un *equipo de estudio*sos que yo dirigiría hasta establecerme en Venezuela en el año 2005 y, liderando ese equipo, Joel James se dedicaría, al mismo tiempo, con pasión a la investigación de campo de algunas comunidades haitianas ubicadas en las áreas productoras de café existentes en lo profundo de la Sierra Maestra y, también, en el macizo cañero próximo a la ciudad de Palma Soriana. Diez años después, la Universidad Autónoma de Santo Domingo (UASD) y el Centro Dominicano de Estudios de la Educación (CDEE), publicarían en Santo Domingo nuestro libro **El vodú en Cuba** (5), obra que resume, en ese instante preciso, nuestro descubrimiento de un sistema mágico-religioso que ni siquiera habían visualizado las mentes mejor dotadas de Cuba—salvo las alusiones del estudioso santiaguero Rómulo Lachateñeré en algún que otro pasaje de un libro suyo y el reporte de ceremonias relacionadas con la serpiente hecho por algunos viajeros que visitaron Santiago de Cuba en el siglo XIX—, ni tampoco por autoridades reconocidas tan prominentes como don Fernando Ortiz ni extranjeras, como el etnólogo suizo Alfred Métraux, por académicos de los Estados Unidos de Norteamérica ni las de ningún otro país del mundo.

Me detengo en este libro nuestro—idea de Joel James y en cuyo contenido hay un solo texto de su autoría, como veremos—, porque marca el antes y el después en la evolución de nuestros estudios etno-sociológicos e históricos de la Casa del Caribe, que fundamos un grupo de antiguos estudiantes de la Universidad de Oriente bajo el norte y el liderazgo de Joel James. Aunque el mundo académico de La Habana se hizo de la vista gorda en torno a la importancia de su aparición, **El vodú en Cuba** llamó la atención de muchos estudiosos sinceros del resto del país, del Caribe, de América Latina y de muchos otros países del hemisferio. Existen afirmaciones en él que podrían hoy o deben ser corregidas, otras añadidas, pero la idea de conjunto salva esta obra pionera en la historia de Cuba en virtud de la temática tratada por primera vez, su enfoque original y los resultados que expone con simplicidad de estilo y sobrados fundamentos que la "soportan" sólidamente. Creo que el premio nacional en investigación que el Ministerio de Cultura de la República de Cuba le otorgó en 1992 a este libro, en gran medida se asienta en el estudio etno-sociológico titulado "Cuba y Haití en la historia y en el cultura. Sobre los mecanismos de intercambio cultural entre haitianos y cubanos", de la autoría de Joel James. Releyendo hoy este texto de Joel James, podemos percatarnos del empleo de la historia en el sentido que le dio su autor y que puede leerse en el texto "La historia como ciencia", de suma de datos y hechos de los que se parte para hacer análisis de alto vuelo, inferencias y apartarse lo más alejado posible en un proceso en que la realidad no es más que punto de partida para mirar hacia otra realidad en la que estamos en condiciones de recibir sensaciones que normalmente nos llegan por los cinco sentidos y, en no menor medida, en elaborar ideas y nuevas teorías a las que uno mismo u otras personas deberán aplicarse a su demostración. Este punto de vista acerca de la historia que Joel James había estado empleando y que usó en nuestro libro antes aludido, lo comentaremos aquí debajo.

También llama la atención en el texto de Joel James incluido en **El vodú en Cuba** su tratamiento de la historia cubana y la historia de vida de personajes involucrados en los sucesos acaecidos a estos inmigrantes haitianos durante el largo trayecto de su vida laboral y, en particular, con todo lo relacionado a la deportación masiva de inmigrantes caribeños ocurrida a mediados de 1930. Asimismo, resulta de alto valor etno-sociológico su enfoque acerca de los asentamientos poblacionales o localidades habitados por estos trabajadores manuales, es decir, de las muy precisadas comunidades de inmigrantes caribeños, aisladas, resguardadas, como especies de "santuarios", refugios o de nichos del tipo de intrincados palenques enclavados en lo más alto de la Sierra Maestra, en el caso de las plantaciones cafetaleras y en el interior de la llanura, en el caso de los cortadores de caña de azúcar. Pero, como es habitual en la producción intelectual de Joel James, la vida no es sólo la visible y palpable materialmente, sino la que está oculta detrás de las apariencias. Finalmente, llevado a primer plano, indicamos el asunto que resulta lo más importante en su contribución en el libro: el develamiento de la existencia de aquellos *mecanismos* que se establecieron entre los inmigrantes de la cercana isla de Haití y los cubanos con los que habían compartido un *espacio cultural* desde finales del Siglo XVIII-- luego de la estampida de los franceses a consecuencia del estallido de la revolución haitiana— y a todo lo largo del siglo siguiente, pero sobre todo en las primeras décadas del siglo XX en que se produjo la entrada al Oriente de Cuba de más de un millón de braceros haitianos.

Es obligado apuntar en este punto de nuestra exposición que la descripción, formulación y teorización en torno a estos mecanismos de intercambio de diversa índole que se produjo entre inmigrantes caribeños y la población cubana con la que éstos convivieron, puede considerarse como uno de los momentos más significativos en el proceso de la configuración del pensamiento de Joel James, en lo que respecta al análisis concurrente de la historia, de la sociedad, de la psicología tanto individual como colectiva y, por imperativos de los intereses en juego de grupos humanos de poder, de los resortes que se ponen en funcionamiento en determinados contextos sociales, económicos, políticos y culturales. Lo que para un investigador social podría apercibirse como resultado hasta cierto punto corriente y habitual resultante de las interacciones que se producen entre dos sociedades puestas en contacto, para Joel James se presenta como un escenario de fuerzas en juego que resultan de mucho interés para el análisis de lo que formulará como *la cultura popular tradicional* y la *identidad cultural* de un grupo, de una comunidad, de una sociedad o de un conjunto de sociedades colocadas en situación de interacción.

A propósito apunto, por último, una idea suya que para mí resultó crucial e impactante y sobre la cual valdría la pena volver una y otra vez en cada ocasión en que nos atrevamos a dibujar el carácter, la dimensión y el alcance del pensamiento de Joel James: el afirmar que la identidad del cubano se completó con el aporte sustantivo de la inmigración haitiana en todas las esferas de la vida social, en la espiritualidad, la religión, los valores, costumbres, comportamientos, visiones del hombre, del mundo, de la vida y de la muerte, entre otros aspectos no menos importantes. El sólo hecho de tomar en cuenta la existencia del vodú haitiano en Cuba y de una *variante cubana* del vodú haitiano, podrían ser una importante contribución para avalar lo afirmado por Joel James en su **Brujería**

cubana: el palo monte en cuanto al completamiento del espectro de la espiritualidad del pueblo cubano, sino de algo también de mucha significación como la siguiente: "No se comprende la historia de la nación cubana y por ende de su cultura, si no se conocen los sistemas mágico-religiosos cubanos y la influencia sobre estos de África y España"[p.10¨] Creo prudente glosar un fragmento del texto redactado por Joel James que incluí en el edición del libro **El vodú en Cuba,** para ilustrar en qué punto de la evolución de su pensamiento estaba cuando llevábamos a cabo las dilatadas investigaciones y los estudios acerca de la presencia haitiana y su impacto en la vida nacional del pueblo cubano.

Pudiéramos [...] establecer en forma triangular un sistema de afirmaciones que gráficamente articularia de la siguiente manera:

Vértice a) La nación cubana alcanza su plena expresión con la revolución de enero del 59 que permitirá la incorporación, en forma orgánica, a nuestra sociedad y a nuestra cultura de los inmigrantes caribeños.

Vértice b) Las manifestaciones culturales haitianas predominan sobre las rurales cubanas con quienes entran en contacto directo.

Vértice c) La cultura nacional cubana sobre determina a las manifestaciones haitianas porque las inserta dentro de sí misma.

Todos los mecanismos de intercambio cultural cubano-haitiano y todas las tensiones que se derivan de ellos están dentro de este triángulo. Estas tres afirmaciones son las cardinales para definir conceptualmente la naturaleza del intercambio.

Los haitianos y sus descendientes —directos o no— constituyen el último segmento poblacional que se integra a la sociedad y la nación cubanas, gracias a la revolución socialista.

Se integran, además, hablando en términos de clases, como obreros, agrícolas en su mayoría, o como campesinos con propiedades muy reducidas.

Esta es una incorporación clasista activa que tendrá expresiones muy claras en la participación en el movimiento huelguístico azucarero en la zona de Camagüey a fines de los años 40; en la incorporación a la insurrección contra Batista; en la participación en el proceso de mecanización de la agricultura; en la ayuda antinacionalista, militar o no, a diferentes países del Tercer Mundo.

Aparece así con plena claridad una curiosa secuencia de equivalencias.

El surgimiento de la nación cubana con la Guerra de los Diez Años en el siglo pasado, se corresponde con la cristalización final de la nación, ocurrida con la guerra de liberación del 53 al 59 y el ulterior enfrentamiento al imperialismo yanqui. Si en el primer caso, la incorporación de los esclavos como hombres libres, en virtud de las leyes abolicionistas de la República en Armas a la sociedad cubana es un factor de primera importancia; en el segundo, la aceptación de los inmigrantes y sus descendientes como cubanos, sin discriminación de ningún tipo, es un componente de estatura parecida.

En el proceso de formación nacional cubana los términos de su principio y su final se corresponden. (Yo subrayo: J.M.).

Esta pudiera ser una foto de la escritura que venía realizando Joel James a la altura de la década de los 80 en que nos aplicamos en equipo a estudiar la cultura popular tradicional del pueblo cubano, comenzando por la de la ciudad Santiago de Cuba, donde vivíamos y trabajábamos en la Casa del Caribe. Como se aprecia en el texto anterior, en él la prosa de Joel James es la común a la mayoría de los historiadores cubanos de entonces y el uso de las fuentes secundarias se combinan muy bien con los testimonios. Lo que resulta de mayor interés desde el punto de vista de las ideas en curso es la formulación de los que Joel James denomina los *mecanismos de intercambio* que se ponen en juego en el contacto de los inmigrantes caribeños y la sociedad cubana en casi todas las esferas de la vida social. Aquí Joel James arribó a la formulación de núcleos de conceptos que le permitirían luego aplicarlos al estudio de los cultos sincréticos afrocubanos, entre los cuales se destacaba el aportado por los inmigrantes haitianos y que definimos como *vodú*. Resulta, pues, obvio que en este punto del desarrollo del pensamiento de Joel James ya él se había impuesto el uso de las ciencias sociales, de la historia, la demografía y la etnografía como herramientas útiles para formular lo que él denominaría *principios rectores*, *mecanismos* y *leyes* que aplicaría al estudio comparativo de las manifestaciones de dichas tradiciones culturales del pueblo, en particular a sus tradiciones religiosas.

El resto del texto del libro **El vodú en Cuba** tiene el valor de excepcional jerarquía al ofrecer información primaria, de primera mano, para la identificación, la descripción y la determinación del *cómo* funciona la "maquinaria voduista con respecto a las comunidades donde están asentados sus portadores, es decir, nos referimos a su funcionamiento *interno* detallado, de cómo se producen y organizan las ceremonias y ritos principales de esta religión voduista en la Isla. Destaco el énfasis impuesto a nuestro equipo por Joel James para que sobresaliera, por encima del punto de vista del autor o de los autores del libro, la voz viva de algunos de los principales *portadores*, de figuras representativas de esta espiritualidad de origen haitiano, como los sacerdotes *voduistas* o *hunganes* , sencillos creyentes, practicantes y cercanos observadores cubanos que habitan cerca de estos asentamientos caribeños. Entre todos estos oficiantes, descolló la querida e inteligente sacerdotisa ya fallecida, la *mambó* Elena Celestien, que hizo algunos de 13aportes noseológicos muy importantes para la solidez teórica de esta obra en lo concerniente a al sistema religioso voduista. En la parte del libro dedicada a lo que pudiéramos definir, con licencia de algunos autores y especialistas en la temática, *los dioses del vodú*, ofrecimos un listado de ellos, la caracterización minuciosa de los principales, de la jerarquía existente entre ellos y de su ubicación en la *familia de loas* y en el conjunto del panteón voduista, en sentido general. Con plena conciencia de lo que nos propusimos, el libro tiene un valor agregado con respecto al estudio comparativo de las religiones al contrastar la información o *data* obtenida en las investigaciones de campo hechas por nuestro equipo con la aportada por prominentes investigadores extranjeros que habían estudiado el vodú en Haití, en República Dominicana y en mi reiterada alusión a la variante dominicana del vodú denominada *luasismo* existente en la República Dominicana, según la definición de esta variante del vodú haitiano adoptada por Joel James…

El mal denominado espiritismo de cordón

Simultáneamente a la penetración cuidadosa y sistemática en las comunidades haitianas cuyos líderes e integrantes nos recibieron con gran sentido de hospitalidad, fuimos haciéndolo en comunidades portadoras de otras tradiciones religiosas del pueblo cubano, en particular en aquellas del mal denominado *Espiritismo de Cordón* y en ese otro que el etnólogo cubano, el Dr. Isaac Barreal, había denominado *espiritismo cruzado*, en lo que constituye la primera alusión a una regla religiosa que estudiaríamos minuciosamente los miembros del equipo de estudio de la Casa del Caribe. De ambos sistemas religiosos ha quedado publicada una documentación que salva parte de su memoria al menos por el Sur, desde Manzanillo, Santiago de Cuba, Palma

Soriano y, hacia o por el centro y norte de la provincia de Oriente, hasta entrompar con las ciudades de Bayamo, Holguín y hasta llegar a la provincia de Camagüey. En esa misma dirección en que encaminaros las investigaciones de campo, nos pusimos en contacto con creencias de origen yoruba, generadoras de la famosa e internacionalmente conocida *Regla de Ocha* o *santería* cubana, donde llegamos a la ciudad de Matanzas, Jovellanos y a la del emblemático Perico.

De cada una de estas reglas religiosas ha quedado un registro magnetofónico y también audiovisual, incluidos una serie de programas para la televisión, en especial uno realizado para la televisión italiana (RAI) y de documentales etnográficos en los que Joel James tomó parte activa y cuya palabra debe ser rescatada para estudiar el proceso de cómo fue elaborando muchas de las ideas que constituyen parte sustancial de su pensamiento al que hoy nos estamos aproximando a partir de sus obras escritas. Constituyen clásicos de la etnografía cubana porque nunca habían sido grabadas en vivo y en directo estas ceremonias, los documentales en 16 milímetros **Huellas** (vodú); **Cordón** (el pésimamente e injurioso mal denominado Espiritismo de cordón); **Ocha** (la mal denominada santería cubana) y **Fundamento** (acerca del denominado Palo Monte). Escribí el guion literario para el documental **Espíritu**, que realizó --grabación y postproducción—el documentalista Jorge Grave de Peralta, quien me entregó en mi apartamento de Pastorita Núñez una copia en 1994 antes de partir por mar hacia los USA en la estampida del año 1994; fue el primer audiovisual producido acerca de la Regla Muertera y en él aparecía Joel James en una extensa disertación que grabamos en los jardines de la Casa del Caribe, así como a otros oficiantes, lamentablemente muertos, como el Tata y *muertero* Vicente Portuondo Martín, entre otros no menos elocuentes.

La Brujería cubana: el Palo Monte o la Regla Conga vista como *cubanía*

Joel James tenía un *background* de lecturas de obras de la mayoría de aquellos estudiosos cubanos que habían investigado cada una de estas temáticas religiosas aludidas, de las que podía comprobarse la existencia de un copioso material que debía ser tomado en cuenta, tanto como el publicado por autores de otros países. Con su espíritu crítico, comprobó que muchos de estas producciones tenían un alto valor etnográfico y que su punto de vista las ubicaba en la corriente del Positivismo imperante en la cultura y filosofía del hemisferio Occidental, el que las había marcado en algo que iba más allá del punto de vista adoptado por cada uno de estos autores. Pero Joel James también había observado a las expresiones religiosas a que nos vamos a referir a continuación y se había dedicado a estudiarlas minuciosamente antes de pasar a realizar el trabajo que lo distinguió del resto de los investigadores cubanos, muchos de ellos muy serios, como el etnomusicólogo Argeliers León y el etnólogo Isaac Barreal, entre los vivos con quienes compartimos experiencias investigativas en muchas ocasiones, en Santiago de Cuba y en la Habana.

Con una serie de condiciones materiales creadas a su alrededor, como la de un transporte que nos permitía desplazarnos periódicamente a sitios cercanos o lejanos, por ejemplo, se centró en aquellas comunidades de más difícil acceso y se acercó a algunas de sus figuras representativas desde el punto de vista de su jerarquía en las casas-templo o cabildos locales santiagueros. La mayoría de estas comunidades habían sido muy complejas de estudiar por el cerco de prejuicios y estereotipos elaborados en torno a ellas al punto de que se les temía y, en el pasado, ellas se habían resguardado mediante mecanismos de defensa casi inexpugnables. Nos referimos a comunidades que habían permanecido, durante siglos, con códigos encriptados y encapsuladas a lo largo y ancho del país: a aquellas derivadas de los aportes de los africanos extraídos del África sub-sahariana, y, particularmente, a aquella masa humana de africanos del *hinterland bantú* (6) ,en cada uno de los casos de origen ético distinto cuyos miembros habían sido traídos al Caribe en condición de esclavos para trabajar en las plantaciones de la caña de azúcar y, en menor medida, en los servicios domésticos en las casas de habitación de los amos esclavistas.

Particularmente, por necesidades del boom de la industria azucarera, en el archipiélago con centro en la Isla de Cuba, entre 1790 y 1860, fueron introducidos "un millón ciento treinta y siete mil trescientos [africanos] incluyendo los estimados del tráfico clandestino, coincidente con el auge agroindustrial y con el aceleramiento de la crisis estructural del sistema esclavista por su forma, pero esencialmente capitalista por su contenido (Guanche 1993: 45) El distinguido lingüista cubano Jesús Fuentes Guerra, con investigaciones de campo en África, ha dejado claramente establecido que, contrario a lo que se había afirmado por numerosos investigadores, y contrario a lo que ha creído una parte considerable de la de la sociedad, "la mayoría de los esclavos introducidos en Cuba en esta etapa no son de procedencia yoruba, sino congos, bantúes" y, a continuación del texto de su libro titulado **La Regla de Palo Monte**. Un acercamiento a la bantuidad cubana, escribe lo siguiente:

> Si nos guiamos por las fuentes escritas como son los archivos parroquiales (registros de bautizos, registro de defunciones), libros de ingenios (dotaciones   de esclavos), depósitos de cimarrones, así como a las actas capitulares de los Ayuntamientos (libros de hipotecas, libros de negros, protocolos notariales, etcétera), a pesar de sus imprecisiones, de cada cien africanos traídos a la región central [de la Isla] entre cuarenta y cincuenta aparecen como congos, el resto está repartido entre gangás, mandingas, lucumíes, ibos carabalíes, una incierta guinea y otros. (¿)
> (p. 12)

Para reafirmar su punto de vista de que los congos prevalecían, este mismo lingüista Jesús Fuentes Guerra cita al etnólogo cubano Dr. Jesús Guanche para concluir que en la región centro-occidental de Cuba donde, para la fecha, la población africana fue la más numerosa, "los congos son los más estables desde el punto de vista diacrónico y "[de"] la mayoría de los diversos cortes sincrónicos realizados durante el apogeo de la trata esclavista" (Guanche 1993:45). Esta afirmación puede ser comprobada en diversas fuentes documentales, entre otras, en la famosa novela-testimonio **Cimarrón**, del poeta y etnólogo Miguel Barnet, quien pone a hablar a su protagonista, al esclavo Esteban Montejo, en confirmación de lo hemos estado comentando, de esta manera: "En Purio, como en todos los ingenios, había africanos de varias naciones. Pero abundaban más los congos. Por algo a toda la parte del norte de Las Villas le dicen "de *la conguería*" (p. 12, Yo subrayo: J.M.)

Aquí se impone una reflexión: siendo la mayoría esa *conguería*, entonces, ¿sería la cultura con una espiritualidad distintiva de la población de origen bantú la predominante en la Isla de Cuba? Todo lo contrario; paradójicamente, la cultura conga, sería sometida al más absoluto ocultamiento hasta el punto de convertirse en uno de los tantos sujetos invisibles que existen en nuestras sociedades. De ahí la importancia excepcional del trabajo de estudio, reflexión y comparación hecho por Joel James en los trabajos que iría publicando antes de lanzarse a fondo en la obra que lo debió haber convertido en—y lo estamos reivindicando aquí y ahora como-- el investigador y pensador más original y trascendental de cuantos han nacido en Cuba y más allá de las fronteras nacionales de la Isla, en el Caribe y en América Latina. Para Joel James muestra su ojo de historiador cuando afirma que "la cultura bantú—y por tanto el palo monte—es la presencia africana más antigua de Cuba y por ende de todo el Caribe. Llega prácticamente con los conquistadores, luego de una prolongada presencia en España, donde realizaban funciones como traductores o "habladores de lenguas" (**La brujería conga: el palo monte**, p-. 13). Pero no fueron los españoles quienes establecieron el contacto primero y más prolongado con los pueblos del stock bantú en sus nichos originarios en el largo período de la trata negrera. Los portugueses fueron quienes documentaron desde el siglo XVI aspectos de la cultura de los bantús parlantes, fundamentalmente de los de Zaire y del Bajo Congo y quienes primero hablaron de sus práctica mágico-religiosas.

Antes de retomar el hilo conductor que nos llevará a **La brujería conga: el palo monte**, al libro que nos vamos a referir más adelante, resulta de interés señalar una de las deficiencias más frecuentes existentes entre los investigadores con quienes compartimos faenas en la Isla y, en algunas ocasiones, procedentes de otros países o con quienes realizamos estudios fuera de la Isla: la mayoría no dominaba la o las lenguas de los sujetos individuales o colectivos que estudiamos. De ahí que resultara muy útil nuestra relación con algunos lingüistas, quienes nos ayudaron a evitar que cayéramos en errores provocados por esta insuficiencia en nuestra formación académica. Veamos este ángulo de los enfoques lingüísticos, en términos prácticos, cuando estudiamos los sistemas mágico-religiosos cubanos.

En la antes mencionada **Enciclopedia de las religiones** se nos aporta una valiosa información para la comprensión del cambio tan radical que le imprimió Joel James a los estudios acerca de este objeto con respecto a los estudios que lo precedieron. Aquellos portugueses, desde hace poco más de cinco siglos y pico, ofrecieron la valiosa información que luego sería descubierta por varios de nuestros más ilustres investigadores y les serviría para reconocer el aporte de África a la cultura de América pero, de paso, fueron esos mismos europeos quienes acuñaron y establecieron los primeros signos que contribuirán a calificar a los grupos étnicos de origen bantú de *hechiceros*, confirmando que sus prácticas se basaban en el empleo de los *fetiches*, que también eran *totemistas* o que eran portadores de reminiscencias de totemismo, así como *animatistas* y, lo que para mí resulta de excepcional interés, que los bantú parlantes operaban con *fuerzas vivas* e incluso con *euhemerismo*. Muchos de aquellos grupos étnicos usaban objetos materiales, naturales y manufacturados que podrían caer en la categoría de fetiches y que eran operados por los adivinos, figurillas esculpidas colocadas en la canasta del adivino, talladas en una variedad de materiales, pequeñas plantas secas o partes de un árbol, como raíces, hijas, gajos y frutos; troncos esculpidos; pequeños muñecos vestidos; instrumentos musicales minúsculos, o miniaturas, implementos agrícolas o de caza; un gran número de figurines cavados en madera, huesos o de hierro clavados en las espaldas de seres humanos, animales e incluso formas abstractas…Y cito textualmente:

> Todos estos objetos se cree que contienen fuerza y poder, de ser capaces de atraer más allá del ámbito ordinario de los individuos. Están dotados de poderes tan subrayados que pueden ser manipulados por seres humanos si están dispuestos a usarlos. Este poder está conectado también con el espíritu o genio de un ancestro, localizado en un tiempo histórico o mítico. En ciertos casos, este poder es del ancestro mismo, que reside en el objeto.

> Algunos de estos objetos poseen prioridad, repulsión, regresión o funciones "positivas"" como

otros pueden acarrear funciones "negativas". La última categoría incluye objetos con intención de provocar hechizo o de proteger contra los de los males del *nganga* ("médico o brujo") quien en estas sociedades desempeña un rol importante pero ambiguo. (**Enciclopedia de las religiones**, tomo V, p. 314)

Nganga: concepto original africano y actual cubano-caribeño

Voy a citar nuevamente la **Enciclopedia** porque nos proporciona una valiosa información en torno a qué era y es el *nganga* en el África bantú y nos permite luego visualizar mejor las definiciones dadas por varios de los estudiosos cubanos más distinguidos de esta voz que para mí es pieza clave para analizar y entender la trama de la cultura de origen bantú en Cuba y en el Caribe.

> El *nganga* es una figura legendaria, mitad humana y mitad bestia. A menudo se ha hablado de que él raramente es alguien, que realmente sea un nganga verdadero. Cuando un cargo de brujo es dado a un miembro del grupo, este cargo es tomado tímidamente y existe dificultad en encontrar el culpable: y en una especie de confabulaciones se dice tener un fetiche o poseer un fetiche en específico (entre ciertos grupos étnicos de los Kassai se dice poseer una *wanga*). Entonces podemos decir que *nganga* es un casi personaje metafísico, extraterrestre, sobrenatural, que maneja y emplea fuerzas misteriosas del

universo, poseyendo el poder de manejarlo todo a voluntad, donde quiera que él pregunta por hacerlo y más (p.314) a menudo con la intención maligna (diabólica). En la mentalidad de estos grupos, bajo nuestra consideración, el nganga es un ser omnipresente y una fuerza que actúa incluso cuando no ha sido convocada y la figura donde reside no necesita ser manejada y el usuario no necesita alcanzar su claro deseo.

Entre los chokwe (pueblo Kasai) la noción de nganga es paradójica. Donde existió preocupación por la brujería mala, dicen que el real culpable no es el nganga en sí mismo, sino el responsable es el individuo o grupo que lo invocó a través de una intención consciente o no resbaladiza, a través de plegarias o por otros medios. Este individuo o grupo es asumido como responsable total de invocar el nganga y de sufrir la totalidad de las sanciones sociales.

El nombre nganga está conectado con ciertos fenómenos acústicos inexplicables para estos pueblos: el sonido del bosque, el chillido de ciertos pájaros, el croar de las ranas, de las serpientes y más allá, estos sonidos producen soledades o, lugares misteriosos. Cada quien sabe que el nganga tiene el poder de transformarse en ciertas bestias y que puede, con medios directos o indirectos, desestabilizar la fábrica social o proporcionarle su armonía. No todos pueden acceder a los poderes de la nganga; sólo ciertos miembros del grupo pueden tenerlo: los hombres médicos, doctores, adivinos, magos, quienes en muchos casos prescriben o hacen fetiches. Estas personas hasta cierto punto son inmunes a los encantamientos del nganga, desde que, adicionalmente, se sometieron a ritos de iniciación, ellos pueden usar los procesos para protegerse contra las fuerzas ocultas; su inmunidad no es completa por sí fallan en seguir las reglas del juego, pueden ser manejados por sus propios fetiches.

En su libro **La brujería cubana: el palo monte** (p.311), Joel James nos ofrece la siguiente definición de la voz nganga, vista por él en una proyección diacrónica, condicionada por los factores históricos de la trata negrera y de la inserción cultural del esclavo de origen bantú en el Nuevo Mundo:

Nganga es la prenda o centro de fuerza mágica por excelencia de la regla conga cubana. Se construye con diversos elementos vegetales, animales y minerales, a los cuales, por separado, se les atribuyen poderes caracterizados y únicos, al juntarse en el caldero o cazuela que sirve de recipiente, la acción de todos esos elementos representan una síntesis del universo.

El mfumbi—el muerto—y el matari—la piedra de rayo—contenidos también en la prenda, son los constituyentes rectores y armonizadores de todo el conjunto.

El término nganga evoluciona semánticamente en virtud del tráfico negrero, de un primer significado como espíritu, a un segundo como hombre santo que es capaz de comunicarse con los espíritus, a un tercero como objeto material divinizado. La nganga es el instrumento de trabajo indispensable del practicante; sin ella éste se anularía religiosa y civilmente.

Hay que detenerse en esta pieza clave del *nganga* antes de continuar. Acabamos de ver que, en esa parte de África saqueada por los portugueses, la voz *nganga* designaba al médico o brujo, como es estudiado por el lingüista cubano Jesús Guerra en su libro **El médico-adivino en el África bantú**, publicado en el año 2012 por Ediciones Maiombe, quien ofrece un punto de vista que estoy obligado a colocar aquí textualmente (p.11):

En la cultura bantú hay dos agentes—en este caso humanos— que desempeñan un papel muy importante: la *muroyi* "brujo, cuya función consiste en hacer daño, agredir o matar, mediante operaciones mágicas y el nganga o *n* anga* "médico adivino o curandero", encargado de proteger la salud (física o espiritual) de los nativos. Las características de la *muroyi* (*muloyi* o *muloi*), o brujas fueron también reseñadas en Fuentes Guerra (2003: 73-82) (Todas las voces y expresiones de la cita textual fueron sub-rayados por Fuentes Guerra)

Este mismo lingüista Fuentes Guerra precisa que el término *muroyi* es derivado del kikongo *muloki* o *ndoki* y la voz *nganga* también deriva del kikongo *nganga* y precisa el contenido original así:

Estas naciones también distinguen el yerbero o curandero tradicional con las voces *inyaga* (zulu), *nyanga* (tsonga), *ngaka* (sotho), *ngaga* (lobedu), *nganga* (venda), etcétera. Remontándonos más lejos de nuestra área de estudio, vemos que los congos y muchos otros pueblos del África Centro occidental también utilizan la misma palabra, *nganga*, mientras que entre los swahilis de la costa oriental existe su correspondiente *nganga*. Los practicantes de la Regla de Palo, sistema de creencias cubano de oriundez bantú (específicamente kikongo), llaman *tata nganga* o (n) gangulero, entre otras denominaciones, al hechicero, curandero o adivino, ya que algunos componentes de esa religión tuvieron sus orígenes en el África bantú (específicamente en el Bajo Congo).

El término *nganga* y todas sus variantes provienen (si se parte de un análisis diacrónico o de la lingüística histórica) del protobantú *-nyanga* que significa "cuerno".

Entre los yerberos africanos es usual poseer vasijas hechas con la ornamenta de algunas especies de cérvidos. Estos recipientes lo utilizan para guardar polvos medicinales, ungüentos, brebajes, entre otras sustancias curativas. Los paleros cubanos también llaman *nganga* a una cazuela de barro o hierro, la cual contiene el "fundamento" de toda su actividad mágica. Curiosamente, en la Regla Conga cubana la voz *nganga* (sin ningún otro complemento) no designa al practicante del credo o sacerdote (como en África), sino al *nkisi* o receptáculo mágico. Es decir, en Cuba se produce otro desplazamiento semántico: del practicante a la vasija espiritual que representa el centro de la actividad cultural de la praxis palera. La extensión del significado se mueve, pues, desde el hombre (en África) al objeto (en Cuba).

Uno de los informantes más viejos de Lydia Cabrera enumera el contenido de esta "prenda":

En fin, las ngangas, nkisos, kimbisas, villumbas [sic.], macutos o boumbas, se preparan con huesos humanos, tierra, palos, raíces y animales. Se añade una Bola-Mundo, la bola verde y santa, de yerba, que se encuentra en el estómago de las vacas. Una reliquia muy sagrada y de lo más milagrosa, que una vez en el caldero le da virtud a los apreparados con que cura el Padre. (Cabrera 1954: 130)

Es importante insistir en la conclusión a la que la autora del *Monte* llega después de escuchar algunas opiniones de descendientes de esclavos:

La boumba, el macuto, el sacu-sacu, el envoltorio, el saco —y el jolongo—en una palabra —*también la nganga de güiro grande y chico era cosa de antiguos*— procede, según ellos, a la kimbisa y a la vrillumba más livianas; obra de criollos, que es nganga dentro de cazuela o de caldero. (Cabrera 1954: 129)15

13 El símbolo * (asterisco) delante de un vocablo indica que ese término es una reconstrucción lingüística o palabra hipotética.
14 kik. *Ngoma*
15 El subrayado es del autor Jesús Guerra

Veamos otras definiciones de esta voz *nganga,* de otras voces y expresiones relacionadas con ella, dadas por otros investigadores cubanos, entre quienes destaco a Teodoro Díaz Fabelo (1916-), quien fue in-visibilizado en Cuba por haberse ido de la Isla en la década de los sesenta y la internet no da cuenta de donde murió. Desde la Casa del Caribe y en coordinación con la Universidad Alcalá de Henares, rescatamos del olvido su monumental **Diccionario de la lengua residual conga en Cuba**, la que publicamos en el año 1998 y lo colocamos aquí en primera sitio por varios motivos, el primero porque fue un descendiente de una familia procedente de los pueblos bantú, como lo hizo saber en este libro suyo, en estos términos:

Mi abuelo materno hablaba ki-luango y se entendía con los mu-sundi, pero no con los congos reales, de quienes decía que hablaban muy fino. Tampoco se entendía con los calabaríes y los mandingas, a pesar de ser semibantúes y de ser mi abuela materna hija de mandingas y lucumíes. Abuelo sostenía que calabaríes y mandingas eran gente muy adelantada, que hablan diferente a los congos, aunque eran parientes (p.16).

La segunda razón de que traigamos a Díaz Fabelo en el presente texto es que fue pionero en reconocer la existencia de una filosofía en cada una de las religiones de base africana, en aplicarse a desentrañarla y en señalar la base de prejuicios que se han tendido en torno a la cultura afrocubana de base bantú durante tiempo; lo citamos textualmente aquí en acto de justicia plena:

En toda religión hay oculta una filosofía y expuesta una teología. Los paleros han sido acusados de idólatras, fetichistas, politeístas, magos, asesinos, bebedores de sangre de niñas blancas, ladrones, vagos, delincuentes natos y de negros remisos a dejar explotar su fuerza laboral por los blancos amos de tierras, bienes raíces, esclavos, animales, plantas, dinero, poder, gobierno, comercio y ejércitos y leyes. No interesó a los intelectuales cubanos profundizar en los estudios sobre ellos. Tímidamente Fernando Ortiz abrió los trillos por la música. Lydia Cabrera dijo malamente en su libro El monte lo que malamente le informaron. Sólo Estefanó Ventura inició los estudios de la cultura paleta en su obra El palo monte (1968) con mejor metodología. Esta obra me estimuló a revisar mis notas y las informaciones a mi alcance para estructurar el presente diccionario, donde he recogido todo cuanto convenía para profundizar en el estudio del área bantú de Cuba. Muchas ignorancias se resuelven aquí; muchos errores caen por su base; muchas mentiras y acusaciones se derrumban; muchas cuestiones quedan abiertas a los estudios. Se ve claramente en el todo histórico-cultural bantú que las acusaciones

de los blancos-amos buscaban defender sus intereses económicos y no estudiar científicamente a los congos; que la mayor parte de aquellas acusaciones podían ser aplicadas a quienes las lanzaron contra los trabajadores
negros.

En el siguiente pasaje de su ya mencionado **Diccionario**… (p.106 passim), Díaz Fabelo nos permite apreciar la cosmovisión de los congos en Cuba, según él había podido estudiarlos y visualizarla:

Para los congos, como para los lucumíes y abakuá, *las fuerzas son las causas de los fenómenos* (Yo subrayo: J.M.). Nsambia, Olofin y Abasí son la fuerza primaria unitaria, causa de todas las otras fuerzas y fenómenos. Esas fuerzas no tienen formas, porque son la causa intuible de todas las formas. No se antropomorfizan y totemizan, aunque se tradujeron por la voz latina dios; no obstante, como este, son concebida como fuerzas vibratorio-lumínicas, al igual que Dios y el Espíritu Santo. No se confunden con el sol, ni se comparan con algo. Se conciben o intuyen por su mismidad.

La gran causa, Nsambia Bisa Muna Nsulo, creó a los astros y a lo que en ellos hay.
Como cada astro tiene su dios-fuerza causal, a esta se atribuye, inmediatamente, la creación de lo que existe en el astro. La Tierra, como astro, tiene su propio dios-fuerza causal, y de él depende y a él pertenece el astro y todo lo que en él hay. Minerales, vegetales y animales, incluyendo los seres humanos,

pertenecen a Nsambia Bisa Muna Ntoto. Este poder se diversifica en los poderes de los seres terrestres. Gurunfinda recibió su poder de la tierra, del aire, del agua y del sol. Él es el poder causal de los vegetales. A Cl hay que reconocerlo, tenerlo en cuenta cuando se va a tomar un vegetal o parte del vegetal. Pero si se va a tomar una sustancia mineral, se le pide a Nsambia Bisi Muna Ntoto. Al tomar hay que pedir permiso a la fuerza-poder, y pagar un tributo material.

Me llama la atención que, para Díaz Fabelo (**Diccionario**, p. 114 passim) igual que para Joel James, nganga es sinónimo de caldero mágico que es para él resultante de un largo proceso de interpretación e integración cultural de miles de años. El investigador afrocubano ve que el signo distintivo de la nganga es su expresión como espacio en cuyo centro existe un punto de comunicación con el cosmos y ese punto lo identifica con *Ntango*, el Sol, que es la fuerza creadora común. En ella se contraponen los puntos cardinales que determina un lado correspondiente a los números pares y al signo a la Hembra, que trabaja para hacer el bien y su opuesto, los números impares, al lado varonil que trabaja para el mal. Para Díaz Fabelo hay dos tipos de nganga: una para hacer trabajos malos que es la prenda judía y la otra que es la nganga bautizada, que se usa para hacer trabajos de bien.

Filosofía bantú según Díaz Fabelo

Algunos de los siguientes ítems señalados por Díaz Fabelo (Ídem, p.117), podrían considerarse como acercamientos al pensamiento abstracto y a la filosofía bantú que con cierta marca se mantuvieron en Cuba: Los sistemas de numeración; la escritura ideográfica de tipo geométrico; la teoría de las fuerzas; el concepto vitalista y dialéctico del mundo y de cuanto existe; la teoría de la muerte y de los muertos, de los vegetales, animales y sustancias térreas; las teorías del bien y el mal, del nacer y el existir y del morir; las conductas en la búsqueda de alimentos, albergue, relaciones humanas diversas, uso de los recursos, normas sociales y desarrollo artístico; las artesanía y del desarrollo del complejo sociológico; el lenguaje y su desarrollo; la literatura oral y la religión; músicas, danzas y ajustes culturales; la religión y la magia como foco cultural estructurador; salud, enfermedad, medicina, guerra, paz, etc. Y en la página 123 de dicho **Diccionario** nos proporciona el siguiente capítulo dedicado por Díaz Fabelo a lo que él denomina, textualmente, así:

La filosofía de los paleros bantúes

1. Hay una fuerza cósmica vital, una fuerza de vida y muerte que todo lo puede, todo lo sabe. NO tiene forma y es la creadora de todo cuanto existe. Se llama Nsambia. Está en el espacio, y por eso se llama Nsambia Mpungun. Él es el creador de lo que existió, existe y existirá. Tibisia Nsambia Mpungun Bisa Muná Nsulo es la gran fuerza causal sin forma, de la que nacen todas las otras fuerzas, fenómenos y seres. No es como el Jesucristo, es una luz de donde nacen todas las luces. Es una vibración de donde nacen todas las vibraciones. Él lo creó todo y a todo le dio poder y permiso. Es impersonal y sin forma. Tiene conciencia, pero no cerebro. TibisiaNsambia

es muy trabajador, siempre está en movimiento en todas partes, creando, destruyendo y volviendo a crear. No se ocupa de los problemas personales, pero es el Tata Grande a quien hay que pedirle siempre licencia, bendición y ayuda. Tibisia Nsambia es muy grande, pero no se le adora. Se le representa en una grafía geométrica. Ntango, el sol, es creación de Tibisia Nsambia, y por él manifiesta su gran poder de vida, aunque también por los otros astros del firmamento.

2. Tibisia Nsambia le dio poder a la Tierra, al mar, al río, a la laguna, a las plantas, a los animales y a los hombres.

3. Hay poderes buenos y malos. Hay que conocerlos bien antes de usarlos. Cualquier palo no sirve para cualquier cosa. Cada cosa tiene su fuerza de vida y muerte, para bueno y para malo, depende de cómo se coja y use. Pero hay fuerzas que lo mejor es no enseñarlas. "¡Ud. sabe uno, enseñe la mitad, y mire a ver a quién se lo va a enseñar, porque hasta su hijo que Ud. crió puede volverse su enemigo!" Si Ud. va a ser ngangulero tiene que aprender muchas cosas y callarse. Lo primerito es conocer el poder que lo asiste a Ud.; después, conocer los palos bien, y saberlos coger y usar en su tiempo para cada cosa. No se apure, que el que se apura no llega a ninguna parte. Vaya despacio y mire donde pone los pies. Todo apréndalo y hágalo con licencia de Nsambia. No quiera saber mucho, porque el mucho saber es mucho poder, y lo puede matar. Todos los días salude al sol y a su Ángel de la Guarda.

4. Reconocen la existencia de un espíritu, conciencia interna o yo profundo en la cabeza (ntú), al que llaman Ángel de la Guarda cuando está encamado. Cuando está desencarnado creen que se apega a la kiyumba o esqueleto durante un tiempo, antes de irse para el país de los muertos o nsiaga si nfua. Los espíritus y personalidades de los fenecidos pueden incorporarse a un perro de prenda y manifestarse; pueden ser llamados a trabajar y ser despedidos.

5. Existen los nsambes, que equivalen a los orichas lucumíes en parte, a los santos católicos en parte. Son personalidades o son fuerzas personificadas. Pueden estar en el poder de un palo o de una sustancia. Esos nsambes trabajan como poder de las cosas.

6. Toda persona tiene un nsambe, o varios, que lo fortifican y defienden. Hay que fortalecer el ntú fortaleciendo el Ángel de la Guarda, y para eso hay varios rituales y ceremonias, normas de conducta y prohibiciones.

7. En los palos, árboles, están grandes fuerzas que pueden asociarse entre sí y de acuerdo con el nsambe a que pertenecen. El principal nsambe es el sol, y va al centro; en el norte va Tiembla Tierra; al sur Simandó; al este Nsasi; al oeste Sarabanda; Shola Nguengueentre el norte y el oeste; enfrente va Shola; Madre de Agua va entre el sur y el oeste; enfrente va el ngarorí ndoki, que es el muerto o personalidad desencarnada que trabaja.

Estos nsambes pueden ser captados como fuerzas vibratorias, con la ayuda de ciertos palos y otras sustancias naturales donde aumentan el tejido de vibraciones que manejará la personalidad y vibración del ngarori ndoki y el ntú del ngangú. ¡Razón tenía Femando Ortiz al decirme: "Las cosas de los negros son complejas. "!

8. La sangre del gallo, de la-jutía, del carnero y del chivo tienen gran poder, Unas gotas de esas sangres se unen a aguas con yerbas y palos escogidos. Y con todo se rocía la prenda y se bebe.

9. Le hacemos honor a los muertos y a los nsambes ofrendándoles frutas, vegetales y comida cocinada. Eso es para que recuerden que de eso necesitamos.

10. "Todo tiene su valor, su orden y su lugar. No lo cambie". Baluande es el nsambe de kalunga: él tiene su valor, su orden entre los nsambes y su lugar en el mar. Así son todas las fuerzas y todas las cosas.

11. Ngarorí, brujería llaman los blancos, es el conocimiento secreto del uso de fuerzas y fenómenos en las culturas bantúes. Pero la brujería no es nuestra magia bantú. De la magia nacieron la filosofía, las ciencias y las religiones. Podemos avergonzarnos de esos orígenes, pero no podemos borrarlos.

12. Todo el mundo se empareja en el cementerio, porque a su tiempo "Kuenda nsila kinia nfínda". Y

no olvide que "Campo nfinda está bueno: de allá nadie regresa".

13. En la casa de palo-monte, en la makumbá, siempre hay un crucifijo contra el diablo de los blancos, Gonsono; así Simbi, el nsambe de la dicha, viene; y Mienso, el nsambe del mal, se aleja y nos deja vivir con tranquilidad.

14. Mienso puede venir en los nfumbes desencarnados, por eso hay que tener la casa limpia y también estar uno limpio. Al mal le gusta lo sucio, pero sutamutokuni, el palo monte, tiene conocimientos para alejarlo.

15. En los proverbios de estas culturas bantúes está gran parte de los principios de la Filosofía moral. El desinterés por estos estudios posibilitó la pérdida de la mayoría de los contenidos; ¡y así se quería!

Los sistemas mágico-religiosos cubanos

El lingüista Jesús Fuentes basa la existencia de cuatro sistemas de creencias sincréticos en fundamentos de la lengua y para él estos son la Regla de Ocha o santería, de sustrato yoruba; la Regla Arará, de sustrato adja-fon; la Sociedad secreta abakuá, de procedencia efik-ibibio y , de oriundez bantú (6), y específicamente una matriz lingüística bantú que es el kikongo, lo que él denomina— como la mayoría de los investigadores, desde Fernando Ortiz, Lidia Cabrera, etc.—Regla Conga o Regla de Palo Mayombe. Como lo ha hecho el etno-lingüista estadounidense Armin Schwegler, Fuentes Guerra desautoriza la existencia de ningún remanente de etnias de identidad bambara, fanti, fula o yolof, como habían reportado Fernando Ortiz y otros autores y, para él, el panorama de estos sistemas religiosos se reducen a este esquema, que difiere del presentado por Joel James en **Brujería cubana: el palo monte**, para quien están excluidos de ellos los ñáñigos o abakuá y los arará ni siquiera son mencionados, a pesar de que, obviamente, los conocía.

Se trataba en este último caso de los grupos de cubanos descendientes de aquellos esclavos que se conocen por haber creado la *Regla conga*, a la que Joel James denominó *brujería cubana* o el *palo monte*, y en los últimos años de su vida se aplicó a estudiarlas con el claro propósito de extraer de sus creencias religiosas los "elementos de pensamiento abstracto" presentes en cada uno de estos cultos sincréticos de oriundez africana. ¿Adónde se dirigía este eminente estudioso al querer desenredar lo que había permanecido oculto, bajo enrevesados tejidos y bien resguardado en los *cabildos afrocubanos* a los que pocos habían tenido el privilegio de entrar y mucho menos de permanecer dentro de ellos para indagarlos? Y cuando sus creyentes afro-descendientes habían admitido la entrada de algún que otro investigador—la mayoría de tez blanca--, cuando menos era visto como de a uno de los tantos intrusos a quienes había que tenderle una cortina de humo para impedir entrar en los verdaderos secretos. Con conocimiento de causa del alcance de esta afirmación estará avalada por nuestra experiencia de investigación de algunos de estos cabildos en la ciudad de Santiago de Cuba y, fuera de ella, llegamos a establecer contactos con cabildos congos próximos a

Cienfuegos e incluso en una ocasión trajimos una representación de representantes de cabildos congos ubicados entre La Habana y Pinar del Río, situada en el extremos más occidental de la Isla. Los resultados de todos estos estudios de caso a lo largo y ancho del país, nos permitieron apreciar que, luego de comenzar a estudiarlos "desde dentro", a muchos casos de aquellos ilustres investigadores, les habían mentido…

Creo que en este punto de lo que Mircea denomina la "ontología arcaica" creada por las sociedades "primitivas" estudiadas sistemáticamente por él, fue en el que se concentró Joel James en sus últimos años de vida. Aquí es donde se producirá el punto de quiebre de Joel James con respecto al mundo académico y a los investigadores que le procedieron. Veamos en qué consiste este punto de quiebre. La otra visión –la diametralmente diferente a lo que hicieron otros-- consiste en proporcionarnos otra mirada, otro modo de ver distinto las manifestaciones de la espiritualidad que había sido estudiada anteriormente desde su exterioridad. Se trataba, pues, de pasar por encima de la forma para adentrarse en el mundo del contenido, de los signos, símbolos y de la construcción de ideas, de un lenguaje y de un pensamiento filosófico en el interior del sistema religioso de origen bantú. En suma, lo nuevo en el punto de vista de Joel James consiste en hallar lo que él define como la *"filosofía autóctona cubana,* elaborada a través del tiempo y de forma absolutamente espontánea por los sectores más humildes y populares de la sociedad de la isla" [p. 9]

Así, precisa que, más allá de los aspectos litúrgicos y cultuales, se propondrá en su libro **La Brujería cubana:**

el palo monte, centrase en elementos de rango polisémico: en, según sus palabras, "aspectos de mayor espectro como la vida y la muerte, la conciencia, el tiempo, las angustias humanas en general." A continuación aclara algo que parecería insólito para los antropólogos y etnólogos acostumbrados a obtener los problemas y los medios de sus estudios en las obras clásicas de la Filosofía euro-occidental: que *todo lo escrito* en ese libro ha sido escrito "desde dentro de la regla [de palo monte], a través de los ojos de los creyentes, practicantes y tatas en su condición de líderes naturales, guías o sacerdotes... (Ibíd.)" Pudiera interpretarse que su libro puede afirmarse que adopta la mirada del otro que en este caso es diferente al de quien escribe acerca de él y de su subjetividad, no la del frío estudioso que no asume partido ni se compromete con el sujeto, individual o colectivo, acerca de quien escribe. Habría que determinar hasta dónde se asume la mirada, el punto de vista y el pensamiento de los creyentes cuando estamos hablando de alguien con una cultura euro-occidental judeo-cristiana, es decir, no precisamente la africana de la que nos hablan los creadores y portadores delas creencias y visiones mágico-religiosas cubanas .

Hasta aquí parecería ordinario lo que Joel James afirmó, si nos atenemos a lo sucedido a algunos antropólogos al aplicarse al estudio de sociedades o personas: a los estudiosos que terminan por adoptar como suyas las creencias de las personas objeto de sus estudios hasta concluir, como Pierre Verger, iniciándose en esas religiones y convirtiéndose en miembros de esas sociedades religiosas que habían estudiado, como lo hicieron otros colegas suyos. Pero Joel James va mucho más allá de este "accidente" cuando siente el deber de advertir que se desplaza en lo que Mircea llama "ciertas líneas de fuerzas maestras del campo especulativo de las sociedades arcaicas" y que, también, ha procurado derivar sus propias " *proposiciones teóricas de sus pensamientos y sus creencias*" [**La brujería cubana**, p.9] Al parecer esta audaz afirmación hecha en la primera página de la Introducción a la obra que estamos comentando, se contrapone a lo que Joel James mismo escribió en la página anterior de la misma obra como clara advertencia "AL LECTOR: Todo lo que se dice en este libro, en términos de especulación teórica, es de mi exclusiva responsabilidad." Y el fruto de su esfuerzo para extraer de tal sistema mágico-religioso *congo* sus ideas de mayor riqueza: su pensamiento abstracto, sin descartar la fenomenología de la religiosidad afrocubana y, en particular, la de la Regla de Palo Monte, lo que puede considerarse como uno de sus aportes propios más relevantes de cuantos haya alcanzado investigador alguno en Cuba, el Caribe y América Latina.

Resulta de mucho interés el concepto de historia manejado por Joel James como espacio en cuyo centro brilla el hombre, en "antropología en la cual se amalgaman acontecer y metafísica" (**El ser y la historia**, p.50), concepto en el cual incluye las categorías de lo ético y lo estético "Y aun religioso", apunta como si fuesen las creencias un añadido más. Pero los límites entre estas esferas Joel James lo resuelve con el proceso de la conciencia, cuando afirma que "Una humanidad consciente de su materialidad como soporte de su espiritualidad. De la conciliación entre cuerpo y movimiento" juego con que él ve la solución a la contradicción entre interioridad y exterioridad del Ser. El ser del hombre está determinado por el alimento con que cría a su cuerpo; asimismo, el modo en que acostumbra a comer, condicionará en cómo el espíritu humano manifiesta su naturaleza. En ocasiones reflexiono mucho al ver a atletas negro-africanos—del Tercer Mundo, del África Madre de la Humanidad, del mal nutrido continente africano, el de las hambrunas que culminan en inanición masiva—resultar estrellas en deportes en que ningún hombre de tez blanca puede disputarles en lides internacionales. ¿Acaso se debe a su voluntad de imponerse a sus circunstancias y de triunfar sobre la marginación y la pertenencia al mundo de la pobreza, propio de los países subdesarrollados? Otro ser humano excepcional, ubicado en una isla del Caribe adonde fueron llevados los ancestros de aquéllos atletas en condición de esclavitud, se enfrentó a un contexto de cambios en la sociedad donde nació, y ha tomado en un momento de su vida la decisión de contribuir a que esos cambios continúen su curso y ahora lo sigan haciendo en la dirección de la dignificación de la población descendiente de África con la cual ha convivido. La contribución en que se empeña no carece de obstáculos y de riesgos personales al aplicarse al progreso de una religiosidad reprimida durante siglos y rodeada de una montaña de prejuicios de diversos tipos e, incluso, de miedos. El texto que he estado escribiendo en estos últimos días ha intentado enfocarse en el surgimiento de Joel James como pensador, su desarrollo en el estudio de algunas de las expresiones de la cultura afrocubana con que entró en contacto, a partir de qué circunstancias personales se formuló preguntas, las ideas que surgieron al momento de darles respuestas, cuáles fueron las fuentes a las que recurrió y cuáles fueron las teorías que provocaron una *fractura epistemológica* en la historia de las ciencias sociales y humanísticas de la Cuba en que le tocó actuar, pensar y escribir.

Como Joel James acostumbraba a hacerlo con el objeto que elegía para su reflexión visible en los textos que iba escribiendo, he ido intentando hacerlo desde varios puntos de vista: desde el de la formación de su familia sanguínea, la que le sirvió para—a la manera de círculos concéntricos—armar la familia ampliada y un nuevo tipo de familia *más humana* que incluyó a varias personas que tienen nombres y apellidos, a veces disímiles en tantos caracteres y que fueron parte del "alimento" de que se nutrió su espíritu de Creador que generó sus ideas, concepciones del mundo y, en definitiva, lo que definimos como su *pensamiento*. Lo escrito lo revisaré y preservaré para publicaciones ulteriores. Pero, el fruto de algunas de esas reflexiones—en ocasiones testimoniales—me han servido para avanzar en mi propio esclarecimiento acerca de la pregunta de quién fue Joel James realmente y hacia donde debía conducir mis pasos para proporcionar, al menos, una respuesta a esta pregunta que pudiera satisfacer al lector cubano, latino y caribeño al cual dirigió casi todos sus escritos. Hoy quiero emplear mis energías en indagar en la formación de su pensamiento a partir de los textos escritos por él y que fueron publicados, la mayoría en vida del autor y sólo algunos póstumamente, entre éstos el libro **La brujería cubana; el palo monte**, impreso en Colombia seis meses después de su siembra en la cálida tierra santiaguera elegida como su *hogar*. Resulta de rigor que repasemos qué pasó antes de la aparición de este libro en la producción intelectual de Joel James.

¿En qué consistió esa fractura? No fue exclusivamente epistemológica, sino *sistémica* con respecto a muchos asuntos que van más allá del juicio y al conjunto de las ciencias sociales cubanas con las que estuvo profundamente vinculado, así como con su literatura de ficción, a algunos de cuyos autores cita ocasionalmente. En parte, consistió en habernos puesto ante los ojos que, en un país subdesarrollado como Cuba, tenía valor haber contacto con científicos sociales, que la ciencia avanza en profundidad, pero que se queda en un mundo en que resulta impostergable provocar un *salto*, digamos cualitativo. Según Joel James, el conocimiento es un poder alcanzado mediante la indagación, la investigación por los métodos tradicionales como lo han hecho las ciencias sociales cubanas en relación con el tema principal que, como veremos, más preocupó a Joel James. Para Joel, había resultado "urgente pasar de la descripción positivista a la sociológica y al estudio de las mentalidades", paras lo cual era necesario hundirse en la memoria factual tanto como en el inconsciente colectivo para que aflorasen de él "posibles componentes" de las tradiciones que se propuso estudiar, según afirma en su libro antes mencionado—que él califica significativamente de *tratado.*, voz que debe entenderse no en su acepción académica de obra dirigida a la educación o el aprendizaje, sino en su significado popular de serie de escritos reunidos para guiar la comprensión y las prácticas puntuales de los creyentes de una religión.

Esta obra, **La Brujería cubana: el palo monte**, lleva por subtítulo "Aproximación al pensamiento abstracto de la cubanía", que es, con precisión meridiana, el objeto fundamental en que se centra. Para identificar, delimitar y   acceder al objeto de estudio elegido se disponen de métodos propios de las ciencias sociales y humanísticas, pero la *imaginación* resulta una fuente de poderes de mucho mayor alcance en determinadas disciplinas y esferas del Espíritu, como el de las creencias religiosas. Así es como lo había percibido cuando discutió con el círculo de amigos con que se reunía la obra **La imaginación sociológica**, del norteamericano Wright Mills. Simplemente, la revolución que desencadenará Joel James con sus libros publicados—todavía no suficientemente estudiados—consistió en haber logrado elevarse por encima del acostumbrado mundo de la elaboración intelectual de corte positivista en esas ciencias sociales al imponerse tratar los objetos de estudio a los que se enfrentó asumiendo un punto de vista filosófico, para precisar mejor, metafísico, Metafísica entendida como la madre de todas las filosofías y de todas las ciencias.

En repetidas ocasiones y diversos escenarios Joel James afirmaba que "somos la obra que creamos"; y que "la cultura es la huella del hombre sobre la tierra", creo que son palabras textuales. Si seguimos lo dado a la luz pública por él en las publicaciones periódicas, sin aplicarnos a reconstruir su vida a fin de obtener su biografía fundamentada, documentaremos el mejor retrato completo suyo. Podemos seguir su trayectoria tomando la revista **Del Caribe**, fundada y dirigida por él, centrados en la temática que nos ocupará en el presente escrito: la que él denominó la *cultura popular tradicional*, cuyo estudio constituye uno de los aportes más importantes de su "producción intelectual", como veremos a continuación. En su número inaugural, de julio de 1983, aparece "Folklore y teatro en la cultura cubana", en el cual analiza una de las manifestaciones de ese tipo de tradiciones en el que el imaginario del pueblo ha sido capaz de crear una expresión escénica, espontánea y plena, que es fuente de inspiración para el ejercicio profesional de la compañía Cabildo Teatral Santiago donde el autor ejerció como asesor desde su graduación universitaria en 1973 en la carrera de Historia. Y es justamente esta tradición la que se convertirá en punto alrededor del cual reconstruirá el origen del carnaval en la ciudad de Santiago de Cuba y le permitirá elaborar sus primeras ideas acerca de la personalidad cultural del *santiaguero* , en la que avanzará para para aproximarse a los componentes de la *cubanía*.

En el número siguiente (3-4, 1984) de **Del Caribe** aparece "La sublevación de El Cobre: una hermosa huella en nuestras luchas por la liberación", texto con el cual Joel James demuestra un dominio de la historia de Cuba y aplica esa imaginación sociológica que siente ausente en la densa y pesada historiografía cubana. Lo importante en su enfoque es destacar el papel desempeñado por los trabajadores del poblado minero y emblemático en que se ha generado, anidado y asumido el culto a la Virgen de La Caridad, una de las entidades que mayor contribución ha proporcionado a la configuración de un sentimiento de arraigo y de pertenencia a la tierra en que se ha nacido, el que precede al de la *cubanía*. Resulta de interés, asimismo, constatar el enfoque de Joel James cuando asume la historia como ciencia, en tanto se involucra en el acontecer humano tal y como se presenta en el pasado y en el presente, articulada a la Sociología, la Antropología y la Psicología, como luego lo definirá en su libro **El ser y la historia** (Santiago de Cuba, Ediciones Santiago, 2012):

"En el caso de la Historia, aspirar a la *cientificidad equivale a sumergirse en la vida humana palpitante*." Subrayo la expresión con que él define la ciencia porque ese mismo concepto lo encontraremos en cada uno de sus textos que cualquiera pudiese encasillar en los términos proporcionados por las ciencias entonces al uso y de las cuales él tomará distancia cuando en ese mismo libro coloca la cita del Padre Félix Varela: "La idea que no puede definirse es la más exacta" P. 26.

Si echásemos una lectura somera a lo más relevante de lo publicado por Fernando Ortiz, Lidia Cabrera, Rómulo Lachatañeré y los discípulos que les continuaron y que publicaron obras en la década de los 60, comprobamos en seguida que, para el año 1987 en que publica en **Del Caribe** su artículo "Nganga", Joel James había superado el concepto de religiosidad sostenido por la mayoría de los investigadores cubanos y se adentraba, con pasos cada vez más firmes, en los ámbitos de la filosofía euro-occidental judeo-cristiana que había estudiado en la Universidad, que había seguido repasando luego de su graduación y que leía a menudo para aplicar ideas y categorías desconocidas por sus colegas o al menos que ellos no emplearon en ninguno de los escritos de su autoría. Para é quedaba claro que en los entonces denominados *cultos sincréticos afrocubanos* estaba viva la grandeza de los saberes y concepciones del mundo elaborados por los pueblos del África negra y que mucho de su lógica, y la grandiosidad de sus filosofías habían permanecido intactas en ellos; de lo que se trataba para Joel James era de observar el comportamiento de los afrocubanos para que se pusiera de manifiesto los sistemas simbólicos y estaríamos en disposición de ver más allá de las apariencias o formas de que se suelen enmascarar sus sistemas religiosos para desenterrar de su interior los tesoros mejor guardados del Caribe.

Nunca escuché mencionar a Joel James el nombre de Mircea Eliades, ni siquiera el año anterior, 1986, en que se había anunciado su fallecimiento, ni he hallado una sola mención a la obra de Mircea en ninguna de sus alocuciones ni publicaciones más emblemáticas que tratan la temática religiosa. Para la fecha de 1956, según puede leerse en su libro **Lo sagrado y lo profano**, Mircea Eliades había descubierto una de las categorías que más contribuyen a deslindar el ámbito propio o característico de la religiosidad: lo que él define como *hierofanía,* cuyo significado literal es *"algo sagrado que se nos muestra"* *[p. 19"* *[Esta* es para Mircea la "manifestación de lo sagrado; se refiere a la manifestación de lo sagrado en cualquier objeto a través de su historia. A propósito de este concepto, nos dice en el tomo 6 de su monumental **Enciclopedia de las religiones**:

> Puede aparecer en una piedra, un árbol, en un ser encarnado en el hombre..., una hierografía denota el mismo acto: una realidad del mismo orden enteramente diferente al de los otros en que se manifiesta en un objeto que es parte de la esfera natural o profana [p.313]

1988: El punto de quiebre en el pensamiento originario de Joel James

Su siguiente libro, **En las raíces del árbol**, fue publicado en Santiago de Cuba en 1988 y dedicado a la conga de Los Hoyos, lo cual tiene un valor simbólico porque es el barrio donde existe la concentración de población afrocubana más alta por área y es el *foco* de irradiación más importante de Cuba, tanto de las tradiciones carnavalescas con su célebre Conga de Los Hoyos, originalmente El Cocoyé, como religiosas, con el centro de fuerza telúrico-religiosa en el sector denominado El Campito…En su contenido encontramos los asuntos que constituían para entonces los intereses profesionales y, por tanto, que se convertirían en los motivos que impulsaban a Joel James en su actuación por la accidentada topografía montuna de Santiago de Cuba: la historia local, el carnaval y la *cultura cubana*; sólo el último de los textos reunidos en el librito demuestra la preocupación de Joel James por los ámbitos que van más allá de lo estrictamente nacional, pero se refería a la esfera de las historia nacionales, a cómo se habían producido en el interior del hombre determinados *resortes*, de la disposición de los grupos y de la estructura de las *sociedades* y, en resumen, de cierto *motor* que los había movido a lo que Santo Tomás de Aquino calificó como *diabólico*: al cambio. Todo hacía indicar que había en el material lo ya conocido. en la producción de Joel James, digamos, *más de lo mismo…*

Hubo que esperar a ese preciso año de 1988 para arribar al *punto de quiebre* o *gap* de la producción intelectual de Joel James y, justamente, fue el monográfico número 12 de la revista **Del Caribe** la causante de la sensación a nivel de todo el país de que algo novedoso y llamativo se podría estar produciendo. En efecto, en las páginas de ese número de la revista se había abierto la ventana mejor "dibujada" que nos permitió echar una mirada actualizada al rico y diverso mundo de la magia y de las religiones del pueblo cubano y del Caribe. El material seleccionado puesto en la revista era sumamente interesante y cada uno de los textos fue devorado inmediatamente por todo tipo de lector que adquirió o tuvo acceso a esta publicación periódica, pero…había un ensayo que sorprendió a casi todo el mundo enfrentado a su lectura y se titulaba "El principio de la representación múltiple". Muy pocos se atrevieron a leerlo de una sola sentada y muy pocos lo entendieron, según los comentarios que fueron llegando a la redacción y a oídos de miembros del *staff* de la Casa del Caribe. El evento, me hizo recordar la primera vez que, siendo niño, quise leer el libro que más había despertado mi vocación por la literatura: el **Quijote**… en cuya lectura no pasé de las primeras páginas y me contenté con hojearlo para ver sus ilustraciones. Igual trauma, tiempo después, experimenté al enfrentarme a la lectura de **El Capital**…Como es natural, leí de un tirón el texto de Joel James y lo he seguido leyendo desde entonces con el mayor goce y admiración porque con ese texto Joel James se elevó al Olimpo de los pensadores más brillantes que han transitado en el país por el camino de la, siempre excitante, religiosidad del pueblo cubano.

El primer libro de Joel James dedicado enteramente a la temática religiosa se convirtió en una expectativa para muchos de quienes seguían su trayectoria intelectual, tanto como narrador e investigador y no demoró en aparecer. La humilde "casa matriz" santiaguera Ediciones Caserón tuvo el honor en 1989 de haber reunido en su libro de 85 páginas **Sobre dioses y muertos**—"dedicado a los santeros, paleros, houganes y espiritistas de cordón de mi país que creen en lo que hacen y lo hacen para el bien"— dos textos que contribuirían a terminar por definir la originalidad del pensamiento del autor con respecto a la temática religiosa: el primero de esos textos titulado "Indagaciones sobre dioses y muertos", sirvió para dar título a la entrega que estamos comentando y aparecería al año siguiente en el número 16-17 de la revista **Del Caribe**, el segundo, es el ensayo que acabamos de glosar en el párrafo precedente, o sea, "El principio de la representación múltiple". Debemos subrayar que, en el caso de este segundo texto, se trata del que lo marcará como lo que en ese preciso instante de su vida alcanzó a ver que era, como si se enfrentara a su rostro en un espejo: se vio como un pensador y, ese acto de reconocimiento, lo conduciría a esa auto-denominación del, digamos, "Ser Joel James." A la condición de pensador o filósofo deberemos añadir el calificativo de *metafísico* o *especulativo,* el cual es expresivo de la capacidad ilimitada, casi infinita, del pensar de Joel James, lo que lo sitúa en un sitio cimero en la historia de la cultura nacional cubana y, sin discusión de ningún tipo, también en la historia de la Filosofía del país.

1999: La consolidación del Ser Joel Pensador metafísico

Como es habitual en el modo de tratar los asuntos de su interés, Joel James iría perfilando aún más las ideas expuestas en ese ensayo esencial que es "El principio de la representación múltiple" y publicaría, en 1990, este último trabajo con el mismo título en el número 16-17 de la revista **Del Caribe** y, habiendo alcanzado la madurez que creía plena, en 1999 publicó su libro **Los sistemas mágico-religiosos cubanos: principios rectores,** en apretadas 163 páginas, retoma su trascendental trabajo "El principio de representación múltiple" y lo aplica en su segundo texto a lo que él define como los "casos y relaciones ", en un cuarto a " El espacio de la representación múltiple" y, en un quinto, a la relación entre los dioses y los muertos. La obra concluye con el ensayo "La Cuba profunda y la religiosidad popular", en el que Joel James viaja a través de las diversas expresiones de la religiosidad popular para tejer con sus valores el corazón de la identidad más auténtica del cubano.

Los sistemas mágico-religiosos cubanos: principios rectores es el libro mejor configurado en cuanto a la temática tratada en cada uno de los trabajos incluidos y la articulación interna entre unos y otros. Pero su valor excepcional consiste en sentar las bases teóricas para la fundamentación de una ciencia de las religiones que debió abrirse paso en Cuba desde los tiempos en que el polígrafo y sabio Don Fernando Ortiz sentó algunas de sus bases con su monumental obra que Joel James reconoce con sentido de justicia. Pero a esa ciencia le faltaba sangre, sudor y lágrimas de los variopintos sujetos creadores y sustentadores de las tradiciones religiosas que tienen fuertes raíces en la España que nos conquistó a partir del siglo XV, en la madre África que puso savia nueva en nuestras venas de *indianos* durante la trata negrera y los aportes de otros pueblos que concurrieron en el crisol del Caribe. Sin duda que, con la reunión del conjunto de estos ensayos y estudios filosóficos de Joel James en el volumen, las ciencias sociales y humanísticas contemporáneas disponía de suficientes ideas y argumentos como para impulsarse y dar el salto largamente esperado, con el cual se habría superado con creces la larga era del positivismo que predominó en ellas.

La historia de la vida de un cortador de caña de Puerto Rico contada en un libro contribuyó transformó la Antropología contemporánea. En un estudio ulterior, a nosotros nos toca reconstruir la biografía de Joel James para acercarnos a la maquinaria perfecta que es la criatura humana, adentrarnos en su biología y estar en condiciones de conocer cómo funcionó su organismo en años cruciales como son la niñez y la adolescencia, donde se configuran los elementos, digamos, sustanciales de la personalidad y del carácter del individuo y, con ello, la forma en que funciona el cerebro, las zonas del cerebro donde se genera el pensar, la generación de ideas y la configuración del pensamiento. Pero de esta etapa carecemos de información y aunque Joel James insistió hasta el cansancio en la importancia de las *historias de vidas* no he podido encontrar en sus escritos o publicaciones—incluida en una escueta autobiografía que apareció en la revista **Del Caribe**-- ninguna alusión a su vida familiar de esa etapa de mocedades. En uno de los relatos de su libro de cuentos **Los Testigos** se recrea lo acontecido en la ciudad de Banes, donde el autor Joel James participó en una célula urbana de lucha clandestina desde la que se preparó un atentado al presidente de la República de Cuba, atentado frustrado que lo llevaría luego al exilio en Jamaica.

Lo importante para mí del libro **Los testigos**, publicado cuando Joel James tenía 31 años de edad, es que con él Joel James debuta como narrador, al decir del jurado que lo premió y que más allá del premio, de darse a conocer en el país como escritor, había nacido la verdadera vocación de Joel James: su peculiar manera de ver el mundo y de acercarse a él a través de una modalidad de una formación lingüística profesional tan peculiar que lo harían distinguirse del resto de los escritores cubanos y más allá de las fronteras nacionales, de otros escritores de países del Caribe hispanoparlante y del continente. Usa el lenguaje literario como instrumento de registro de hechos que refuerzan la memoria emocional a través de hechos que se recrean *literariamente* pero que, más allá del fenómeno tropológico propio de la literatura, es expresión de una voluntad creadora que no conoce límites y que se convierte en sus manos en un medio en que se convoca al lector, se le motiva a hacerse participante de los hechos que se relatan y se le convierte en un sujeto activo en camino de sufrir una transformación radical con la experiencia en la que se le involucra. El texto literario, pues, es recreación de hechos vividos, de recuperación de la memoria vivida colectivamente y de vínculo con una realidad que nos trasciende en tanto es portadora de ideas y concepciones de la vida y de la muerte, como se aprecia en el relato "Oficio de funerario". Desde su primer libro, Joel James nos induce a pensar que el lenguaje, más allá de la voluntad de estilo y de estética, puede convertirse en método para proporcionarnos miradas diversas sobre la Realidad, que puede ser un mismo lugar, los hechos o los seres visibles o invisibles que podamos intentar tratar sea desde el punto de vista de la creación literaria o con una pretensión ensayística o científica.

Esta experiencia, en el caso de Joel James, ilustra que la experiencia tiene tres dimensiones y que lo define como creador literario y también como pensador que indaga en la Realidad y más allá de la Realidad. Ella incluye lo siguiente: 1.- su historia como ser humano, compartida con la vida de sus familiares y amigos cercanos e íntimos; 2.- las historias de vida de aquellos creadores y portadores de lo que él denominará la *cultura popular tradicional* y 3.- los conocimientos acumulados no sólo por los estudiosos y los investigadores que le han precedido, a los que puede acceder en las bibliotecas y en los libros que se venden en la Isla de Cuba a precios muy accesibles, sino en lo que para él resulta tan importante como estas fuentes referidas: las historias de las personas sencillas, sean o no creadoras o portadoras de aquellas tradiciones, que en ocasiones son personas de a pie o auto-movilizadas, ¡qué importa¡, las que para él—en resonancia *gramsciana*—son filósofos, como él lo es por vocación y entrega apasionada al *pensar*.

¿Cuáles fueron las causas o condicionantes de este *salto cualitativo*, de qué manantiales visibles e invisibles bebió Joel James una especie de líquido prodigioso como para provocar esta ruptura? Para quienes no lo conocen: Joel James era un blanco caucásico, de ojos azulados, vástago de una familia de la clase media y bien alimentada. No he podido conocer cuándo cobró conciencia de que el valor consiste en hacer lo que tememos hacer y a partir de cuándo se convirtió en un intrépido, diría alucinante, saltador de obstáculos; de hecho nunca lo vieron desplazarse en otra pista real a que se someten los atletas en la disciplina que denominan salto con obstáculos; dicen que no pueden documentar otra pista que no fuera esa de la existencia plagada de muros y barreras que debió vencer. Para él no existía el No y de hecho publicó un pequeño texto con este tema; afirmaba que siempre había que vencer lo que llamaba el "punto cero", que era para él equivalente a la muerte. ¿Cuál era su manera de nutrirse corporalmente como para generar tales ideas que guiaban su comportamiento? He leído a varios pensadores de la Antigüedad greco-latina nacidos en porciones minúsculas de tierra hundidas en el Océano; por ejemplo, uno de ellos fue Heráclito de Éfeso, que desafió esa limitación impuesta por la Geografía física que pudiera haber lesionado la elaboración de ideas y al superarla, esa condición no le impidió desarrollar un pensamiento excepcional por encima de muchos otros filósofos nacidos en Tierra Firme. Su vocación de alpinista un día llevó a Joel James a subir lo más alto de la Gran Piedra y, luego de visualizar la ciudad a lo lejos, la idea se le vino encima y expresó "¡ese es el camino que hay que tomar ¡".

No es casual que esa revelación se haya producido en un punto de la cordillera de la Sierra Maestra que bordea o rodea la ciudad a la que lo habían llevado sus pasos; seguramente que en la ciudad de Banes, donde había vivido desde los cinco años de edad, ¿no podría haber tenido esta iluminación? El genio es luz que se transmite a mayor velocidad que la pautada por la Física Mecánica, pero para hacerlo tienen que concurrir en torno de él muchas variables para que su cerebro superdotado con genes especiales puedan desarrollarse y la persona dueña de ese cerebro disponer de las condiciones para aplicar su coeficiente de inteligencia en la elaboración de ideas y de teorías que pudiesen revolucionar lo establecido como verdad hasta el momento exacto en que ese genio surge. Estudiaré el contexto socio-cultural del que Joel James emergió y en el que se insertó para describir las circunstancias que favorecieron que se convirtiera en una personalidad genial no sólo en esas ciencias del espíritu, sino incluso en el de la creación literaria al hacerse de un *lenguaje simbólico* que le permitió relacionarse con la

Realidad en que vivió y con los seres que le rodearon, impregnando a una y a otros de vibraciones que tenemos el deber de nombrar y reconocer.

2005.- Las circunstancias y su transformación: la *cultura popular tradicional* como sujeto

En el prefacio [p.15-19] al **Tratado de las religiones**, de Mircea Eliade, el sabio francés Georges Dumezil daba la bienvenida a su autor, al subrayar que era parte del "número excesivamente reducido de investigadores (quiero decir de investigadores auténticos)" consagrados a los estudios comparativos y generales de las religiones. Proporciona un conjunto de ideas que son claves para iluminar el prodigio realizado por Joel James con sus libros y otras publicaciones, en los que el estudio comparado de las religiones populares cubanas es una constante. Enuncia lo que denomina la *ciencia de las religiones* que abandona a los filósofos sus orígenes, igual que lo hicieron en el pasado los lingüistas y a renunciar *a posteriori* "a una evolución –tipo, una marcha obligada a las formas religiosas del pasado". No importa cuán lejos nos remontemos en el intento por identificar la vida de alguna porción de la humanidad, porque siempre lo que encontraremos, a lo sumo, no será "sino ante los resultados de una maduración y de accidentes que ocuparon decenas de siglos." Concluye que, la tendencia actual de los estudios de las religiones, cuya misión consiste y está enfocado en "*sentir*" (Yo subrayo: J.M.), como decía Henry Hubert, la de registrar, en su originalidad y con su complejidad, los sistemas religiosos que fueron o que son practicados en el mundo." Con tal enfoque, es obvio que Dumezi se aleja del enfoque racionalista y propone el empleo de los sentidos como medios para adentrarse en el mundo complejo de la religiosidad. Hay puntos de engarce con Joel James, para quien se trataría de identificar "la memoria histórica, factual, y la memoria emocional" y de que la sociedad "exprese sus tradiciones por sí misma", según lo precisa en su **La brujería cubana: el palo monte**" [p.16]

Afirma Dumerzi que Mircea, al colocar en algunos de sus capítulos a las aguas, al sol y otras representaciones, no hacía más que verlas a la luz de la ciencia de las religiones, para la que tales representaciones son "la materia prima más general del pensamiento mítico; pero verán también que la interpretación es totalmente diferente: estas hierofanías cósmicas, como dice el señor Mircea Eliade, sólo son el ropaje de un profundo discurso; esta morfología de lo sagrado traduce simbólicamente una dialéctica de lo sagrado de la cual la naturaleza no es sino el soporte". Es muy importante lo que afirma a continuación este eminente académico francés: "En cuanto se observa la más humilde de las religiones, aparece toda una *"filosofía antes de los filósofos"* (Yo subrayo: J.M), que resulta de un esfuerzo de explicación y de unificación, de un esfuerzo hacia la teoría de todos los sentidos de la palabra [...]" Esta filosofía del "hombre iletrado, y el pensamiento abstracto, constituyeron los objetos que ocuparon los último años de vida de Joel James y es lo que expuso en su primer libro **Cuba: la gran nganga.** Algunas prácticas de la Brujería, el que luego convertiría—con notables cambios en contenido, conceptos y ampliación de temas— en su segundo libro **La brujera cubana: el palo monte** antes aludido y que es la exposición más consistente, completa y abarcadora que hizo de sus hallazgos teóricos derivados de su estudio de los sistemas mágico-religiosos cubanos.

Esta última idea del profesor francés nos ha hecho aludir a lo manifestado por Joel James en sus estudios y los dos últimos libros publicados: que las diversas manifestaciones de la cultura popular tradicional—como los sistemas mágico-religiosos cubanos—contienen y son portadores de sistemas de pensamiento con el rigor y la consistencia de las filosofías consagradas como universales, así como que sus figuras representativas tienen esa misma categoría de pensadores, como han sido vistos los filósofos que aparecen en las Historias de la Filosofía donde aquellos han quedado definitivamente excluidos. Eso es lo que marca la diferencia el mundo de la Academia y lo que querido establecer pensadores originales como los mencionados en el párrafo anterior y otros de la "perisferia" o marginalidad académica, en la que, a contra corriente, se sitúa Joel James. Y la elaboración de las categorías y mecanismos de "abordaje" o tratamiento, así como el lenguaje con que trató esa temática constituye el núcleo más importante de los hallazgos y aportes de Joel James a este tipo de estudios etno-sociológicos a los que él incorpora el resto de las ciencias sociales, rigurosamente, con privilegio entre ellas a la Historia.

Veamos algunos de los planteamos centrales de Joel James en su libro **La Brujería: el palo monte**, a propósito de la dificultad de traducir a otras lenguas los conceptos originados en una lengua determinada: "En toda cultura tiene particular importancia los conceptos y términos intraducibles de la lengua que le es específica. Los sistemas mágico-religiosos cubanos están dentro de esta determinación. ¿Cómo se puede/traducir—no describir o definir sino traducir—términos como nganga, huemba, bilongo, aché, añá, a otros idiomas diferentes al español según se habla en Cuba? Claro que siempre existe el riesgo de que se pierda lo que no se ha podido heredar en términos de traducción, al menos de sentido, del pasado."[p. 15/16] "

Joel James sobre-monta la definición leninista de la coexistencia en una sociedad de dos culturas—la dominante y al dominada, remedo del punto de vista del marxismo clásico—al privilegiar *la cultura popular tradicional* que él ve como tan importante para sobrevivencia de la criatura humana como el pan para el cuerpo. Pero, ¿qué es esta cultura popular tradicional y cuáles son sus características? Llama la atención el hecho de que, según Joel James, su proceso de formación tiene lugar básicamente en el siglo XIX (p.16) y en el caso de la cubana es una "cultura de la resistencia y la liberación", frente a otras que son "culturas de resignación y culturas de cautiverio" (p.15).

A pesar de que no deseamos apresarlo en ninguna de las clasificaciones a las que nos tienen habituados, Joel James aventura algunas hipótesis que tenemos que exponer aquí, todas relacionadas con los conceptos, categorías, principios rectores y leyes que formuló como elementos que rigen ese sujeto colectivo, antes mencionado y que él denominó *cultura popular tradicional*. Afirma que el concepto central que rige para todos los sistemas mágico-religiosos cubanos y "con particular presencia para el palo monte" (p. 14) es la existencia de los *"centros—casi siempre lugares—de fuerza o poder"* (Yo subrayo: J.M.), lo que Joel James traduce en el expediente al que el cubano recurre para vencer la soledad, es decir, la muerte. (p. 14). Este es una de las categorías principales aportadas por Joel James a los estudios etno-sociológicos y filosóficos de la herencia africana a la cultura nacional del pueblo cubano. Con respecto a lo que él denomina "centros de fuerzas", ¿en qué antecedentes, autores, fuentes pudiese haberse inspirado o haber hecho consultas? Tal vez una de esas fuentes pudiese encontrarse en la Europa occidental.

Schopenhauer-Nietzsche-Kierkegaard-Heidegger-Freud-Sartre

En efecto, hay estudiosos extranjeros que marcaron hitos antes del esfuerzo de Joel James por desentrañar el *pensamiento abstracto* de la que denomino la *Filosofía palera* a partir de las fuentes primarias con que lo hizo en la ciudad de Santiago de Cuba. No me cansaré de repetir que la inteligencia de Joel James nadie la podrá medir, pero era excepcionalmente dotado para cada una de las empresas emprendidas, fuesen empresas intelectuales o empresas para las que se necesitan habilidades prácticas. La primera imagen que tengo de él—en su condición de intelectual—fue la de un Joel James cargando en sus hombros tambores desde el barrio de Los Hoyos al centro de la ciudad donde sería levantado el Museo del Carnaval, justo frente al Museo Emilio Bacardí, aunque con puerta de entrada principal por la calle Heredia. La segunda imagen que conservaré de Joel James mientras viva es el Joel James caminando a pie desde el reparto Vista Alegre donde estaba enclavada la Casa del Caribe hasta Bayamo

70, donde lo esperaba su familia, Pilar Pérez, sus hijas Pilarín, Vicky y sus nietos, familia a la que adoraba y era el Poste Central que unió la Tierra con el Universo de Joel James, para decirlo en términos filosóficos. Entre corazón y cerebro, con todos los sentidos encendidos a plena luz del Sol del mediodía santiaguero, es que hay que estudiar y ver a Joel James en cualquiera de las facetas de su vida que se elija. Quien no lo haga, sencilla y simplemente, errará. Un poeta podría exclamar ¡el amor era la escala por donde subían y bajaban los ángeles. Creo que Joel James era mucho Joel James, una unidad de una sola pieza y de ella el motor que lo movió todo—incluido la construcción de una gramática para realizar sus estudios ontológicos—era la Voluntad inclaudicable.

Mi punto de vista es que fue decisiva en la formación del pensamiento de Joel James la lectura de los libros del pensador que derribó con un martillazo el andamiaje de la cultura levantada encima del Pilar de la Razón dese la Ilustración hasta el siglo XIX en la Europa occidental judeo-cristiana: las obras del poeta y filósofo alemán Friedrich Nietzsche (1844-1900). Cultura, filosofía y religión fueron derribadas por quien ha sido considerado como uno de los alfiles "maestros de la sospecha"—junto con Karl Marx y Sigmund Freud, por sólo citar dos de las cimas del pensamiento demoledor--, ha sido decisiva su influencia tanto por el estilo y el lenguaje poético de que se valió en cada una de sus obras, como por el punto de vista que hoy podríamos calificar de holístico-multisensorial con que analizó el Occidente y acometió su demoledora tarea de ponerlo todo en entredicho. Desconozco cuándo Joel James tuvo acceso a estas obras de Nietzsche, pero es evidente que algunos de los cambios que percibimos en su la evolución de su pensamiento los vemos conectados con esa influencia, que alcanzó a casi todas las manifestaciones del espíritu, no sólo los puntos de vista propios de las ciencias sociales y humanísticas-- como la sociología, la antropología, la etnografía, la etnología, la Filosofía y la Historia—, sino de las artes creadoras, Bellas Artes, la literatura, etc. Sin duda que luego, al tiempo, en que Joel James leyó a Nietzsche, había leído algo antes acerca de los pensadores que rodearon a Nietzsche, que lo antecedieron y que lo siguieron cronológicamente.

Tiempos de la cultura popular tradicional y de los sistemas mágico-religiosos cubanos

Veamos el fechamiento dado por Joel James a estos antes mal llamados cultos sincréticos afrocubanos:

> Los sistemas mágico-religiosos resultan en procesos paralelos aun cuando con fechamientos diferentes para cada uno. El palo monte lo sitúo en el siglo XVI y comienzos del XVII. La santería la sitúo emergiendo entre finales del XVIII y comienzos del XIX. El espiritismo de Cordón lo remito a 1869-70 con la Creciente de Valmaseda durante la Guerra de los Diez Años; la variante cubana del vodú aparece en el primer tercio del siglo XX. (p.11)

Fue el filósofo cubano Enrique José Varona quien proporcionó la pauta para que el mal denominado *espiritismo de cordón* fuese ubicado en la segunda mitad del siglo XIX. En las actas de la Sociedad de Antropología de Cuba se consigna la referencia a los actos de posesión colectiva que se produjeron durante las matanzas ocurridas durante la Guerra de Secesión en los actuales Estados Unidos de Norteamérica. En la manigua insurrecta, fenómenos semejantes debieron producirse entre los soldados y, en las prefecturas mambisas, entre las personas que los acompañaban, como apoyo logístico o impedimenta obligada para evitar su aniquilamiento, caían en trance cuando se enteraban de las muertes de sus deudos, familiares, amigos o simplemente soldados del Ejército Libertador. En las ciencias todo tipo de hipótesis es válida, funciona como suposición de certidumbre o verdad, hasta que no se demuestre lo contrario. Por tanto, ha tenido validez la que afirma que crisis de posesión iguales o parecidas ocurridas en el campo insurrecto durante la Guerra de los Diez Años, particularmente en la etapa de guerra sin cuartel conocida como Creciente de Valmaseda tuvieron como base la mecánica de los rituales a los cultos a los muertos de origen *congo*, como afirma Joel James en varias de sus publicaciones.

Creo que el sistema de pensamiento mágico-religioso mal denominado Espiritismo de *Cordón u Orilé* tiene una base firmemente asentada en los pueblos originarios que habitaban las Antillas a la llegada del conquistador europeo y lo he podido comprobar en mis investigaciones de campo y por los estudios realizados en Venezuela, justo en la Tierra Firme de donde partieron los grupos y pueblos que atravesaron las Pequeñas Antillas hasta llegar a Cuba. Por ende, el archipiélago cubano estaba comprendido entre estos territorios de las Indias Occidentales, y sus habitantes en 1492 recibieron a Colón pacíficamente, pero luego se enfrentaron al conquistador español, como ha sido documentado por el Padre Bartolomé de las Casas, en particular en su memorable pasaje de la muerte en la hoguera del cacique Hatuey, quien había arribado al extremo oriental de la Isla, procedente de Haití, para sumarse a la resistencia armada mencionada. El surgimiento, desarrollo y consolidación del *Orilé* o *Cordón* debe ser situado paralelo al fechamiento de la población que se asentó, siglos antes, en el extremo oriental de Cuba, no en la segunda mitad del siglo XIX.

En este punto arranca mi reflexión en torno a la formación del pensamiento de uno de los estudiosos más geniales y originales cubanos y que, con la naturaleza de su obra publicada, se sitúa entre las personalidades más destacadas de Nuestra América y del mundo académico internacional. En algunos de los fascículos de *Oriente Folklórico* creo recordar la referencia al espíritu de Hatuey surgiendo de la ceiba al pie de la cual fue quemado vivo en el asentamiento de Yara, fenómeno al que la Folklorística le ha dado el nombre de *leyenda de la Luz de Yara*…En las numerosas sesiones de Cordón a las que asistí durante mi vida profesional una de las cohortes de Espíritus que más, poderosamente, me llamaron la atención era y es la *Comisión India*, es decir, la integrada por aquellas entidades espirituales de los pueblos originarios que han permanecido en el inconsciente colectivo de la población que habita en los territorios de la antigua provincia de Oriente. Y fue el sabio don Fernando Ortiz quien a principios de 1950 publicó en la revista *Bohemia* los primeros trabajos acerca de esta espiritualidad con la que él se puso en contacto para esa fecha y que comprobó haber emergido, justamente, al Este de la Isla adonde él sabio había arribado. Armando Bermúdez continuó la indagación acerca de este objeto de estudio y publicó en los años 60 varios trabajos que proporcionan una valiosa composición de lugar del origen y centros de expansión del Cordón hacia el centro, Norte y hacia el Oeste de Cuba hasta llegar a La Habana.

Este es el escenario físico en el que Joel James se situó cuando, en 1968, matriculó la carrera de Historia en la Universidad de Oriente. A los cinco años había sido traslado por sus padres a la ciudad de Banes, ubicada al Norte de Oriente y centro de la corporación United Fruit Company donde laboró su padre. Había nacido en 1942 en Guanabacoa, uno de los poblados en que, con el del poblado de Regla, es más vívida la cultura y, en particular, la espiritualidad negro-africana, y cuyas raíces están más afincadas en el habanero. Y tiempo después del Enero de 1959, se asienta en Santiago de Cuba, uno de los centros de fuerza telúrica más importantes de la Isla y que había sido la única ciudad levantada en armas en contra de la tiranía de Fulgencio Batista. Este es el eje espacio-temporal en que deberemos esforzarnos por hallar los primeros batientes—voz que solía emplear Joel James en sus alocuciones y escritos—de la formación de sus ideas, concepto del hombre, de la vida y de la muerte, visión de las cosas y del mundo, en conclusión de su pensamiento que me atrevo a calificar de metafísico. Pero la filosofía que imperaba, oficialmente, para entonces se reducía al marxismo soviético, de corte sesgadamente dogmático y estalinista ¿Qué motivó a Joel James a elevarse de la realidad donde la criatura humana, por lo general, encalla y se frena con este marco de pensar tan estrecho y limitado, a las alturas del pensamiento teórico y especulativo?

¿Cuáles son las fuentes nutricias de este pensamiento, las fuentes documentales donde abrevó y las otras fuentes que los investigadores denominan secundarias, en su ignorancia crasa de que esos manantiales naturales a menudo suelen ser las más importantes para la iluminación transformadora de la mente humana y que la predispone para las elaboraciones más brillantes y audaces?

La Regla conga cubana o palo monte, según Joel James, es *el culto a Insambi*

Retomo **La Brujería cubana: el palo monte** para intentar glosar algunos puntos de vista, categorías y conceptos expuestos por Joel James en su libro, con el propósito de compararlos con el de otros autores. Para él la Regla conga o palo monte es "la más complicada entre todos los cultos sincréticos afrocubanos ¨[…[¨ la que articula en términos abstractos de manera más orgánica con el resto de esa construcción, asombrosa y maravillosa, que es el cuerpo total de la cultura tradicional cubana" (p.22); "—entre todos los sistemas mágico-religiosos cubanos […] es la de más *acendrada raigambre monoteísta*" " y "en su más profunda determinación de esencia—simple y lisamente—es *"el culto a Inzambi* ¨[**sic** Yo subrayo: J.M.)] definición que para el mismo Joel James resulta altamente cuestionable por el carácter inaccesible y esotérico de Inzambi que el autor identifica con Dios y "creador de todo lo existente" con lo cual se le proporciona una nota de panteísmo a esta religión, para mí a un tiempo real, pero cuestionable desde mi punto de vista, como lo son los calificativos de animista, totemista impuestos por los europeos . Y, en efecto, Joel James nos aclara que Inzambi "está en todo y lo es todo; no obstante entre el estar y el ser no existe una tensión óntica de misteriosas especulaciones. Entre ellas, como la más importante, se encuentra la naturaleza monoteísta de la regla por el carácter totalmente excluyente de Inzambi, Como el Yahvé de los judíos, es un dios que puede ser bondadoso o tremendamente cruel. No sufre, como los orichas yorubas, de apetencias humanas. Sus pasiones son de un tamaño divino. No hay forma de convocarlo o exorcizarlo. No es representable. Si se saluda y se le pide permiso para realizar toda ceremonia [p.308]"

Me gusta siempre volver a la etimología para desplegar la vista a campos cada vez más abarcadores. Para el lingüista cubano Jesús Fuentes Guerra, La Regla Conga se reduce a los siguientes componentes: 1.- "un receptáculo mágico llamado (en)nganga, voz kikonga que significa "curandero, adivino, experto en ", prenda, en kikongo nkisi "fetiche"; 2.- creencias en entidades espirituales denominadas mpungos o nkitas, del kikongo nkita igual a "espíritus-fetiches"; 3.- ceremonias de iniciación y rituales de cumplimientos; 4.- toques, bailes y cantos; 5.- sacrificios de animales; 6.- ofrendas de comidas y bebidas; 7.- utilización de la residencia del padrino Tata nganga o de la madrina ngudi nganga como espacio de consulta o casa templo y 8.- la creencia en un Supremo Hacedor llamado Sambia Empungo que en kikongo es Nzambi a Mpungu o Ser Supremo. Para este mismo lingüista cubano

> Sampiampungo, los nkita , los nkisi, los mfumbis (del kikongo mvumvi "muertos") son entidades paleras reverenciadas y o manipuladas en Cuba igual que hacen los

nganga o practicantes de la medicina en el Bajo Congo. El Sambia o Sambiampungo cubano (kik. Nzambi a Mpungu) es considerado un **deus otiosus** como casi todas las supremas deidades, en general. Pero los nkitas [kikongo nkisi "fetiche", receptáculo mágico"'" [sí aportan puntos de convergencias fundamentales entre el mundo de los bakongo y el de los paleros cubanos. Aunque los practicantes de la Regla de Palo Monte dividen a sus deidades en nkisi kuna masa "espíritu de agua" y nkisi kuna nseke "espíritus de manigua", en Cuba predominan los primeros, los cuales tienen características y funciones típicas de los nkisi del área costera y ribereña del Bajo Congo (**La Regla de Palo Monte**, p.62)

Hay otros estudiosos extranjeros que marcaron hitos antes del esfuerzo de Joel James por desentrañar el pensamiento de la Filosofía palera a partir, principalmente de las fuentes primarias con que lo hizo en la ciudad de Santiago de Cuba, de sus observaciones de campo e inferencias y deducciones sistemáticas durante un largo período de tiempo que se remonta al arranque de la década de los ochenta del siglo XX. El libro **La Filosofía bantú** *Bantu Philosophy* (*La philosophie bantoue* en francés) apareció en idioma inglés en el año 1945 y muchos reconocen a su autor, Placide Tempels, como el iniciador del intento por describir los fundamentos de la filosofía de los pueblos africanos. Sin embargo, los estudios realizados en las últimas décadas difieren en resultados de los de Tempels, quien se centró en la población del actual

República Democrática del Congo y lo cuestionan al haber hecho demasiadas generalizaciones que no se corresponden con el conjunto de los pueblos bantú.

Tal vez uno de los asuntos que resulta de mayor interés es su afirmación de que el pensamiento subsahariano difiere, digamos que sustancialmente en su núcleo basal, del europeo. Y aquí encontramos una coincidencia con Joel James en que sus conceptos sólo pueden ser identificados a partir de las categorías propias al lenguaje original en que fueron manifestados o referidos. Para Tempels el centro primario del pensamiento bantú es la *Fuerza*. ¿En qué realidad se inscriben estos conceptos originarios de los pueblos bantúes? La Realidad para el pensamiento bantú es una realidad dinámica y, para ese pensamiento, *el Ser es la Fuerza*. Y, ¿cuál es la relación que se establece entre Realidad y Fuerza? Veámosla en su interrelación, desde diversos puntos de vista.

El Ser es distinto de la Fuerza; los seres pueden estar dotados de fuerza o pueden carecer de ella. Es más: la Fuerza es parte del Ser pero el Ser es más que Fuerza y no depende de ella exclusivamente. Ser y Fuerza son uno y lo mismo, pero entre ellos puede haber o pueden establecerse matices, aspectos que las hagan diversas. Pero no es en el filósofo como profesional dedicado a su estudio quien tiene la última palabra con respecto a la Fuerza, sino la visión última de la Fuerza la tienen los individuos bantú parlantes, que son sus auténticos portadores. En efecto, en mi traducción libre, en el siguiente trozo de la Filosofía bantú pudieran encontrarse destellos de lo que Placide Tempels se esforzó por transmitirnos:

"'Force' is not for Bantu a necessary, irreducible attribute of being: no, the notion of 'force' takes for them the place of the notion 'being' in our philosophy. Just as we have, so they a transcendental, elemental, simple concept: with them 'force' and with us 'being'."

"La fuerza no es para los bantúes un atributo necesario e irreductible del ser: no, la noción de" fuerza " toma para ellos el lugar de la noción del " ser " ¨ [que ocupa¨] en nuestra filosofía. Así como nosotros lo tenemos, ellos poseen un concepto elemental y trascendental, para los bantú-parlantes "fuerza" y para nosotros "ser".

Veamos qué pasa con Nzambia en lo relativo la categoría en que lo han tenido algunos pueblos del denominado stock bantú, para algunos de los cuales *no existió un culto al Creador*, como afirma Joel James en su **Brujería cubana: el palo monte,** Dios supremo a quien le llama Insambi. El Creador—conocido por Nzambe entre mucha gente del actual Zaire bajo, por muchos del actual Zambia y Mulunga entre aquellos en contacto con quienes hablan swali—fue una última fuente de vida e iniciador del orden universal. En los juramentos usaron el nombre de Creador, la voluntad del creador proveyó de la explicación última cuando faltaron otras explicaciones. La lluvia, el trueno y el relámpago fueron manifestaciones del Creador; la ausencia de la lluvia fue sustituida por la "Colarole de agua del Creador". Pero no existió expectativa de que el Creador estuviera preocupado por los asuntos de los humanos y no fueron cultos establecidos en altares, sacerdotes, ni ofrendas. J. Mathews Schoffeleers cree que el culto a Mboma de los chekwa fue inicialmente un culto al Creador; Pero fue así como Mboma conformó un panteón común entre los pueblos hablantes del bantú-central al ofrecer devoción a un espíritu que se creía ser regulador antiguo o espíritu médium.

Debido a que los pueblos bantúes no personificaron a las fuerzas creativas, no tuvieron necesidad de atribuir género al Creador. Las lenguas bantú, que carecen de género gramatical, no fuerzan al hablante a hacer tales distinciones. Cuando el creador se identificó con el Dios cristiano a través de los misioneros [europeos cristianos o protestantes], muchas personas pensaron en el creador como hombre o padre, pero para la mayoría, el sexo del creador es semejante al asunto incógnito a los humanos.

Quizá la definición de Joel James de la existencia de un culto a Insambi pudiera ser sustentada en el antiguo culto bantú a Mbona. Se cree que el culto a Mbona en el Sur de Chewa fue inicialmente un culto al Creador. En los tiempos históricos, este culto conformó el patrón común entre la gente hablante del bantú de ofrecer devoción al espíritu en que creían ser un regulador o médium espiritual. Creemos muy importante y útil que ampliemos la información nuevamente al tomo XII de la **Enciclopedia de las religiones** (p. 303), del editor Mircea Eliade, en la que se nos dice que Mboma es el nombre de una deidad patronal con un famoso altar cerca del poblado de Nsanje de la República de Malawi, en el África sudeste. Aunque es usual referirlo a un dios acuático, Mbona también es invocado con ocasión de plagas locales, con, inundaciones, enfermedades epidérmicas y otros que se relacionan con la capacidad productiva y reproductiva de la tierra y de sus poblaciones.

Mbona es un culto territorial que puede ser definido como un culto cuya constitución es un grupo territorial identificado por una ocupación común de un área de terreno y su membresía, en última instancia, es consecuencias de la residencia de un modo de designación étnica. El culto es supervisado por jefes locales y de cabezas bajo la dirección de un alto sacerdote y jefe administrativo. Añadido a estos oficiales, hay un médium espiritual, hombre o mujer que claman ser poseídos por Mbona y comentan variedad de asuntos políticos mientras están poseídos. Antiguamente, el culto también fue mantenido por una mujer consagrada de por vida al servicio a Mbona y ella suponía recibir revelaciones a la deidad en sueños o cuando era consultada por los jefes y la gente. No existe un espíritu de mujer pero en ciertas ocasiones su lugar es tomado por una mujer de la localidad. Aunque el más viejo documento escrito data de mediados del siglo XIX, es mucho más antiguo, de antes de la penetración portuguesa del África sudeste en la mitad del siglo XVI.

Según la tradición oral, Mbona se celebró como un hacedor de lluvia quien, debido a su gran popularidad, entró en el conflicto con las autoridades seglares, quienes al final la mataron. Después de su muerte, los pobladores locales debieron haber erigido un altar en su nombre e iniciaron su culto. El relato de la vida y la muerte de Mbona tiene varias versiones, pero todas siguen una estructura común y puede reducirse a tres corrientes o elusters en dependencia de la época de los eventos del relato en que tengan lugar en un sitio despoblado, un sitio emergente o en un reino altamente centralizado. En su sitio más elevado, la Mbona mayor es tomada como una persona marginal. La disminución del status de Mbona se parece al simbolizar al incremento sugestivo del común de la aristocracia en su exitoso establecimiento de la formación del Estado.

Como dije antes, desconocemos cualquier documento escrito antes de la primera mitad del XIX, aun cuando ciertos nombres y hechos referidos a las leyendas de Mbona pueden también encontrarse en documentos portugueses pertenecientes a los siglos XXVI y XVII. De la comparación entre las leyendas y los textos históricos pudo haberse inferido, entre otras cosas, que el culto sufrió cambios organizativos y teológicos cerca de 1600 y que, probablemente, bajo la influencia de las misiones portuguesas, se le atribuyeron a Mbona rasgos parecidos a cristianos. Después de esta radical transformación, el culto obtuvo su más amplia aceptación p. 303-304 geográfica y llegó a convertirse en una de las organizaciones religiosas más influyentes en el Norte del banco del Zambezi. En la última centuria disminuyó su importancia hasta el punto en que, en 1985, el culto *tiene poco menos que una significación local.*

José Millet
Los Teques, Municipio Guaicaipuro, Venezuela, mayo 25.2017-abril 17, agosto, 02, 2018.

Notas y referencias bibliográficas

1.- Aníbal Joel James Figarola (Guanabacoa, La Habana, 1942-Santiago de Cuba, 2006) fue un eminente estudioso de la historia y de lo que denominó la *cultura popular tradicional* de Cuba, acerca de las cuales produjo numerosos trabajos que vieron la luz en publicaciones periódicas cubanas y, en menor medida, extranjeras, así como en varios libros. Hombre de acción y gran pensador, se alzó sobre los métodos de las ciencias sociales y humanísticas transidas de la filosofía positivista para proponer un nuevo enfoque de sus objetos de investigación que yo bautizo de *Etno-Ontología* o de Metafísica ontológica, centrada en el ser o en la identidad del cubano. El texto que sigue pudiera encabezar la presente colaboración: Celebración y respeto, me invaden al escribir estas letras acerca del pensamiento de Joel James. Tiempo. No basta un pensamiento original; hay que pulir el diamante con trabajo, constante y audaz, para hacerlo valer, no brillar... Omega en mi camino. No con tristeza, sino con asombro de que son raros, casi extintos, los seres demasiado humanos. Espacio. Celebro al león que combatió de frente cada uno de los obstáculos que se le interpusieron; celebro su triunfo sobre la muerte con la obra brotada de su genio, el escudo de su creación con que lo logró y fue el máximo triunfo de una ser viviente ante el drama de la vida. Honor. Respeto al Hombre Rebelde que ofreció su mano al amigo sincero y su brazo y todas sus energías ante quien creyó lo merecía. Era felino: implacable ante la injusticia. Magia. No son *extraños* los que matan y devoran a sus críos, sino ejemplares de su propia especie. Tigre come tigre. Es el contra sí: la ley que rige, como toda ley, sin que podamos evitarlo. Ley que no descubrió Darwin, la descubrió mi Maestro, primero amigo y, luego, definitivamente hermano Joel James.

2.- José Millet (Holguín, Cuba, 1949-): Escritor y estudioso. Comenzó en 1968 sus estudios filológicos en la Universidad de Oriente, ciudad de Santiago de Cuba, en la que ejerció la docencia en Filosofía y se graduó en 1975 como licenciado en Lengua y Literatura. También cursó estudios de Filosofía en la Universidad de La Habana e impartió clases como Profesor Asistente en el Centro Universitario de Holguín. Fue uno de los fundadores en junio del 1982 de la Casa del Caribe, donde dirigió el Equipo de estudio de las religiones populares hasta el año 2005 en que se residenció en Venezuela, donde vive. Es autor de una vasta obra como investigador en la esfera etno-sociológica, entre la que se destaca como co-autor de los siguientes libros: **Grupos Folklóricos de Santiago de Cuba** (1989); **Barrio, comparsa y carnaval santiaguero** (República Dominicana, 1997); **El vodú en Cuba** (República Dominicana, 1992) y **Sacred Spaces in Oriente Cuba** (Albuquerque, University of New México, USA, 2008); y autor de los libros: **Del mundo terrenal a las fuerzas ocultas** (México, Editorial Travesía, 1993); **Glosario mágico-religioso cubano** (Barquisimeto, Venezuela, 1996);**Tiembla Tierra: arte ritual afrocubano.** (Santiago de Compostela, España, Fundación Eugenio Granell, 1999); **La Guinea, Barrio afro caribeño de Coro** (Coro, Instituto de cultura del Estado Falcón, 2007); **Las Turas: fiesta ancestral**, Atlas Etnográfico del Estado Falcón. (Coro, Instituto de Cultura del Estado Falcón, 2008); **Atlas Etnográfico del Estado Falcón**, (Coro, Instituto de Cultura del Estado Falcón, 2011); **Espiritismo, variantes cubanas**. (Miami, Ediciones Exodus, 2017); **El carnaval de Santiago de Cuba** (Miami, Ediciones Exodus, 2017). Prólogo del editor Dr. Ángel Velázquez. **El espiritismo, la religión tradicional nacional del pueblo cubano**. Alemania, Editorial Académica Española, OmniScriptum Publishing, 2018.

3.- Nuestro hermano Julián Sergio Mateo Tornés nació en Santiago de Cuba e hizo estudios de Filosofía en la Universidad Carolina de Praga; luego de trabajar en dependencias de la Academia de Ciencias de Cuba y escribir uno de los libros más brillantes acerca de la Filosofía de las ciencias, se vino a Santiago de Cuba, donde fue nuestro colega más sabio en el Departamento de Filosofía de la Universidad de Oriente. Integró el equipo de estudios de las religiones populares de la Casa del Caribe, donde trabajó conmigo hasta su fallecimiento ocurrido el 2 de julio del año 2006, es decir, pocos días después del fallecimiento de A. Joel James. En la etapa final de su vida vivía en calle 9, entre las calles 6 y 4 (su madre América Tornés, en calle 4, al doblar de la calle 9); yo vivía en con mi mujer y sus 2 niñas en calle 6 esquina a calle 13: ambos a pocas cuadras de AJJ y de la Casa del Caribe que queda en calle 13 con calle 4, en el reparto Vista Alegre, en la ciudad de Santiago de Cuba.

4.- ¨ [bantú] Una de las deficiencias de nuestros estudios ha consistido en la falta de dominio de lenguas habladas por nuestros informantes; es el caso de las lenguas de la rama etno-lingüística bantú y más específicamente del kikongo hablado por los paleros, según pude apreciar en mi padrino en Palo Vicente Portuondo Martín. En el tomo III (p- 171-172) de la **Enciclopedia de la religión** se afirma que término **bantú central,** como es usado aquí, se refiere a los hablantes de las lenguas pertenecientes a la rama bantú del Níger-Congo que viven en el Bajo Congo (Zaire). Se extienden sobre cientos de millas abarcando las riberas del río Congo en el Atlántico hasta el lago Malawi y la Bajo Shire en el Este, entre los 4 y los 17 grados de latitud Sur. Ellos ocupan más del Zaire, Angola, Zambia y Malawi, extendiéndose sobre la República del Congo, Tanzania y Zimbadwe. Mucho de esta región posee una sabana forestada a la que se interponen tierras arboladas, excepto cuando la gran floresta ecuatorial avanza hacia el Sur en Kuba y el territorio lele en el norte de Zaire. Habría que verificar lo dicho por la Enciclopedia sobre el área bantú con el mapa usado por Fuentes Guerra tomado de la enciclopedia libre de internet Wikipedia.

5.- Dado que, como reconoció el investigador y actual director de la Casa del Caribe, Orlando Vergés Martínez, "algunos críticos mal intencionados todavía dicen que este libro fue escrito por Joel", parece oportuno precisar algunos detalles acerca de libros que se mencionan en mi presente texto, acerca de los cuales el lector cubano que lo lea no podrá tener la menor idea de cómo surgieron, se generaron y fueron publicados, porque sencillamente fueron publicados en otros países y el lector cubano sencillamente no podrá tener acceso a ellos a menos que se publiquen en la Isla. En tal sentido, preciso aclarar que la primera edición del libro **El vodú en Cuba** la publiqué en la República Dominicana en 1992, con la inclusión en ella del estudio de Joel James que éste tituló "Cuba y Haití en la historia y la cultura: acercamiento a los mecanismos de intercambio cultural entre cubanos y haitianos". El texto que, en su conjunto, yo redactara y que, más tarde, contribuyera a editar en la sede de la Casa del Caribe con el editor dominicano Avelino Stanley, del Centro

Dominicano de Estudios de la Educación (CEDEE) obtuvo en 1992 el premio nacional de investigaciones socioculturales del Ministerio de cultura de la República de Cuba. Aun habiendo obtenido tal distinción, los académicos de La Habana, mantuvieron un silencio sepulcral acerca de tan notables hallazgos por parte de la Casa de la Caribe, igual que lo hicieron en torno a otros sistemas mágico-religiosos que describimos y describimos, como de la Regla Muertera o Muerterismo, cuyo primer artículo lo publiqué en la **Revista de Folklore**, de Valladolid en 1998.

La recolección de la *data* que nos sirvió para elaborar el texto original de esta primera edición dominicana del libro antes mencionado había sido iniciada por un equipo que Joel James organizó en 1983 para realizar investigaciones de campo en las comunidades cubano-haitianas rurales ubicadas en la Sierra Maestra, comenzando por la comunidad cubano-haitiana de La Caridad, cercana al asentamiento serrano de El Ramón de Guaninao y luego a la de Pilón de Cauto, relativamente cercana al asentamiento sub-urbano de Dos Palmas. Ese equipo de estudio estuvo integrado, inicialmente, por el historiador de El Cobre, Lic. Julio Corbea Calzado, por el palmero y hombre de teatro Lic. Max "Macito" Barbosa y por el actor de teatro y magnífico investigador Ricardo Alexis Alarcón Fajardo y, con sus miembros, tuve la dicha de realizar grabaciones magnetofónicas de ceremonias y entrevistas, así como de tomas de fotos que alimentaron el archivo de la Casa del Caribe y el personal mío en virtud de que las fotos eran de mi autoría, y las alojé en mi hogar del Reparto Pastorita Núñez. A ese equipo luego se integraría la entonces secretaria de Joel James, técnica en documentación Ivonne Menéndez Angulo, madre de mis cuatro hijos, entonces mi esposa, quien se encargaría de realizar las transcripciones de las cintas magnetofónicas, su mecanografiado y luego llegaríamos a elaborar juntos un glosario del vodú que publicamos en la revista cubana **Signos** que publicaba primero el escritor Jorge Luis Vieira y luego Carlos Alé, por el Ministerio de cultura de la República de Cuba. Finalmente, el morocho Manuel "Manolito" Santana, promotor cultural, formaría parte también del equipo de estudio, en virtud de haber elaborado un excelente trabajo de investigación acerca de la comunidad haitiana de Pilón de Cauto, que pasó a ser referencia obligada de nuestros estudios y que Joel James cita en varias ocasiones en el texto de su autoría que aparece en el libro **El vodú en Cuba**. Pero para el momento del comienzo de las investigaciones de campo, no conocíamos a este magnífico investigador, quien luego alumno mío.

Finalmente, en el equipo de estudios de las religiones entraron otros compañeros, especialmente cuando nos dedicamos a materializar una idea hacía años expuesta por la querida investigadora Gladys María González Bueno: la de la organización de un Museo de las religiones populares, el que ella se propuso levantar en el barrio de Los Hoyos, sin conseguirlo, a pesar de sus y de nuestras incansables gestiones por conseguir el local, etc. El viejo inmueble situado en la calle 13 con calle 2, en el Reparto Vista Alegre, que el gobierno nos donó, resultó el ideal para que pusiéramos en práctica ese sueño de Gladys María González y en una reunión con las personalidades "cabezas de familia" de las principales religiones de la ciudad, logramos que se pusieran de acuerdo en la distribución de los espacios donde ellos se aplicarían más tarde a diseñar su espacio y colocaron en cada uno de ellos la parafernalia de los cultos que correspondía a cada uno de los sistemas mágico-religiosos cubanos. La idea era que se tratase de un espacio sagrado no de un espacio profano concebido, alimentado y configurado por museógrafos, técnicos y especialistas a la manera en que nos los encontramos en muchos países y en la propia Cuba, como los de las de la Religión Yoruba, que está frente al Capitolio Nacional o los de las ciudades de Guanabacoa y de Regla, todos situados en la ciudad de La Habana.

De igual manera, en la primera edición cubana de **El vodú en Cuba**, hecha en 1998 por mi persona con la colega licenciada en Letras y amiga Ángela Hechavarría, en su condición de editora designada por la Editorial Oriente de Santiago de Cuba, partí del manuscrito de su primera edición dominicana e incluimos en ella el trabajo de Joel James tal y como él había autorizado a que fuese colocado en el libro publicado por mí en Santo Domingo y así lo hicimos, haciéndole yo algunas modificaciones al texto original del libro, ampliando levemente las fuentes documentales y el material visual, las fotos en su mayoría tomadas por nosotros. Aclaro que no soy responsable de segunda edición cubana que realizaron en el año 2007 sin consultarme en absoluto, siendo yo el autor principal, dada la muerte de Joel James, ocurrida en el 2006, que fungía como el primero de los autores, y con sorpresa vi que en ella se había suprimido el material visual fotográfico, que tanta relevancia tiene para el este tipo de publicaciones etnográficas y aún más tratándose de un tema realmente desconocido para la mayoría de las personas de a pie de nuestro pueblo, y más para los lectores de otros países, en general alejados o ajenos a tales temas tan especializados.

Fuentes consultadas o mencionadas en nuestro texto

1. - **The Encyclopedia of Religion**. Mircea Eliade editor in chief. N. Y., Mcmillan Publisher [1987] 14 tomos. No se trata de un diccionario, sino de una obra de referencia de obligada consulta para todo investigador y estudioso de las religiones.

2.- Eliade, Mircea. **El mito del eterno retorno.** Arquetipos y repetición. Madrid, Alianza Editorial [1985]

3.- _______________. **Lo sagrado y lo profano.** [Barcelona, España, 1967]

4.- _______________. **Tratado de historia de las religiones.** [México, D.F. 19779 Ediciones Era] Biblioteca Era. 462 p.

5.- Díaz Fabelo, Teodoro. **Diccionario de la lengua residual conga en Cuba** [Casa del Caribe, Universidad de Alcalá de Henares, ORCAL-UNESCO, Santiago de Cuba, 1998] 165 p. Discrepo de la apreciación que han sostenido algunos lingüistas e investigadores acerca de esta obra que para mí es un manantial de información y de puntos de vista, apreciaciones y valoraciones muy consistentes.

6.- _______________________. **Olorun.** La Habana, Ediciones del Departamento de folklore del Teatro Nacional de Cuba, 1960. 117 p. ilus.   Una de las obras más brillantes publicadas acerca de las religiones afrocubanas.

7.- James, Joel. **En las raíces del árbol.** Santiago de Cuba, Editorial Oriente, 1988. 117 páginas. Dedicado a la conga de Los Hoyos. Índice: Introducción / Qué y por qué de la historia local / Cabildo Teatral Santiago: aproximación al carnaval / Folklore y teatro en la cultura cubana / Inquietudes en torno al arte, la cultura y la historia nacionales.

8 _______________Sobre muerto **y dioses**. Santiago de Cuba, Ediciones Caserón, 1989. 85 páginas. Dedicado A los santeros, paleros, houganes y espiritistas de cordón de mi país que creen en lo que hacen y lo hacen para el bien. Contiene: A manera de prólogo / El principio de representación múltiple / Indagaciones sobre dioses y muertos.

9.-__________ **Los sistemas mágico-religiosos cubanos: principios rectores.** Caracas, ORCALC-UNESCO, 1999. 163 páginas. Dedicado A los santeros, paleros, houganes y cordoneros de mi tierra que creen en lo que hacen y lo hacen para bien. Índice: El principio de representación múltiple / La representación múltiple: casos y relaciones / El espacio de la representación múltiple / Principios de la relación entre dioses y muertos / La Cuba profunda y la religiosidad popular.

10.-__________**Cuba: la gran nganga**. Algunas prácticas de la brujería. [La Habana] Editorial José Martí [ICL, 2012] 182 p. Contiene: La regla conga cubana; Más allá de la nganga; Prácticas y trabajo paleros (primera parte); Prácticas y trabajos paleros (segunda parte); Glosario.

11.-__________**La brujería cubana: el palo monte**. Aproximación al pensamiento abstracto de la cubanía. Santiago de Cuba, Editorial Oriente, 2006. 315 p. Introducción. Autoctonía filosófica cubana / La brujería cubana: aspectos generales / La regla conga cubana / Perspectiva del hombre / Más allá de la nganga / Soledad y muerte / Relaciones entre categorías trascendentales / Prácticas y trabajos paleros. (Primera parte) / Prácticas y trabajos paleros. (Segunda parte) / La familia religiosa / El trance y la posesión / Kimbisa, vrillumba, mayombe / Límites y tiempo / Glosario.

12.-________________. **En el altar del fuego.** [La Habana] Ediciones Unión [2007] 125 p. Contiene: Nganga; Chuini; Papá Legbá.

13.-________________. **Hacia el horizonte.** [La Habana] Letras Cubanas [2007] 145 p. Contiene: Cruce de caminos; Razón de las encrucijadas; Detrás de la Gran Piedra.

14.-_____________________. **El ser y la historia**. A partir de la experiencia cubana. Santiago de cuba, Ediciones Santiago, 2012. 106 p. Contiene: Dedicado a Julián Mateo Tornés, profesor mío. Introducción / Breve comentario al ámbito religioso de "Plegaria a Dios" / Palabras en torno al libro Marx, Engels y la condición humana. Una visión desde Cuba, del doctor Armando Hart / La Historia como ciencia / Acercamiento a lo humano / El Ser y la Historia / Luz y sombra en el Manifiesto Comunista.

15.- Fuente Guerra, Jesús. **La regla de Palo Monte**. Un acercamiento a la bantuidad cubana. [La Habana] Ediciones Unión [2012] 203 p.

16.-_____________________. **El médico-adivino en el Africa bantú.** [España] Ediciones Maiombe [2012] 93 p.

Ficha académica del autor:

Millet, José. (Holguín, Cuba, 28.01.1949). Residencia actual: Avenida Ali Primera, calle Principal, casa 29, Sector La Cruz, parroquia Los Teques, Municipio

Guaicaipuro, Estado Miranda, República Bolivariana de Venezuela. Teléfonos: 0416/2168703; 0412/5960330 y (058) (Falcón: 0268)/4608164. E-mail: milletjb3000 @gmail.com//milletjb2004@ yahoo.com

Escritor, investigador, profesor universitario, crítico de arte y guionista de cine, radio y Tv. Filólogo de carrera, ha dedicado sus últimos 36 años de vida a los estudios etnográficos y sociológicos en el área de la cultura popular, especializándose en la temática de las fiestas populares y las religiones tradicionales de base africana y del espiritismo en el Caribe. Hizo estudios de Filosofía en la Universidad de La Habana y, en 1975, se graduó de Licenciado en Letras en la Universidad de Oriente, en la ciudad Santiago de Cuba. Tiene una larga experiencia como docente universitario en su país natal y en otros países. Cientos de estudios, ensayos y artículos suyos han visto la luz en prestigiosas publicaciones periódicas tanto en Cuba como en otros países y ha publicado dieciocho libros, uno de los cuales alcanzó el Premio en Ensayo José María Heredia, de la Unión Nacional de Escritores y Artistas de Cuba (UNEAC) y dos, en coautoría: El vodú en Cuba y Barrio, comparsa y carnaval santiaguero, obtuvieron premio nacional en investigación sociocultural que otorga el Ministerio de Cultura de la Mayor de las Antillas. Se desempeñó como Investigador Auxiliar en la Casa del Caribe, prestigiosa institución de la que fue uno de sus fundadores en 1982 y que ayudó, decisivamente, a categorizar como Centro de Investigaciones por parte del Ministerio de Ciencias, Tecnología y Medio ambiente de la República de Cuba. Ha obtenido varios reconocimientos en el área de la investigación científica aplicada a las ciencias sociales y humanísticas. Pertenece a varias organizaciones internacionales, como la Association of Caribbean Studies, el Grupo de Estudios Regionales del Consejo Europeo de Investigaciones sobre América Latina (CEISAL) y la Red de Instituciones e Investigadores de las religiones afroamericanas de la UNESCO, en cuya temática acaba de ser impreso en USA el libro Sacred Spaces Religious Traditions in Oriente Cuba...en coautoría con la profesora Dra. Jualynne Dodson, de la Michigan State University, aunque publicado sólo a la firma de ésta. Es miembro de la Red Nacional de escritores de Venezuela. Ha participado en eventos y hecho investigaciones de campo en Europa (tanto oriental como

occidental), África, Estados Unidos, América Latina y el
Caribe. Desde el 2005 se desempeña como director del
Centro de Investigaciones Socioculturales del Instituto de
Cultura del Estado Falcón (INCUDEF), donde publicó el
libro **La Guinea, barrio afrocaribeño de Coro** y
confeccionó con su equipo el **Atlas Etnográfico del
Estado Falcón-Venezuela y el Caribe** (con depósito legal
nro. LF-70920083382018 e ISBN: 978-980-12-3437-1),
del cual es editor y cuyos primeros resultados en forma de
Cuadernos de Avances pueden ser leídos, uno impreso
sobre las Turas, y los restantes en varios sitios de Internet.
Su último libro biográfico, **Alí Primera, Padre cantor del
pueblo** (2008) fue publicado en Caracas por Ediciones de
la Presidencia, Palacio de Miraflores, del Ministerio del
Poder Popular para la Presidencia de la República.